新手父母

讀懂孩子行為背後的
情緒祕密、改善親子互動的
88則重點訣竅

我家孩子為什麼這樣做?!

うちの子、なんでできないの?
——親子を救う40のヒント

日本教育學博士、
臨床發展心理師
小笠原惠／著

葉韋利／譯

前言

我之所以寫這本書，是來自三個想法。

在育兒過程中我們經常希望孩子這麼做，或是教出這樣的孩子，卻往往力不從心。

遇到這種狀況，先想到的大概都是責罵小孩，或是勸說，要不然就強制孩子要這樣做。然而，看到一轉移視線孩子就故態復萌，真不知該如何是好。

這時候最重要的就是轉個念頭，從一味想著「為什麼會這樣」轉向站在孩子的立場來思考。這麼一來，便能藉此了解孩子無法用語言清楚傳達，或是大人原先很難想像的想法，想到可以理解孩子想表達的幾種可能，就令人深感欣慰。

寫這本書的第一個目的，就是**希望家長能察覺到孩子們無法完整表達的情緒。**

即使是成人，也會有些再怎麼努力也做不好的事。

有一些事情，用一般的方法永遠做不好。例如，我是路痴，常讓人幾乎想塞本地圖給我，第一次去的地方我保證到不了。就算之前去過，第二次造訪時我還是擔心得不得了，怕自己找不到。因此，我會拚命找方法，要怎麼樣才能順利抵達。

我想每個人多多少少都有不擅長的事情。在不影響日常生活之下其實也沒什麼問題，如果能避免，盡量避免就行了。另外，要是知道該怎麼下工夫克服，當遇到困難時再克服就可以。

不過萬一嚴重到影響生活，又不知道該怎麼來彌補這些短處，加上無可避免時，生活就會越來越失序。

先不管程度上的輕重，想從根本上修正這些短處，其實沒那麼容易。想用普遍多數人做得到的方法或學習模式，來面對不擅長的部分，無論當事人或身邊的人都會感到很大的壓力。

想要在這種狀況保持彈性思考，試著怎麼下工夫彌補缺點，腦中就必須具備很多創意。我寫這本書另一個目的，就是**希望能讓父母從中多找到一些靈感與啟發。**

最後一個目的，是每當孩子露出「做到了！」那副心滿意足的表情實在太動人。每次看到那張臉，就證明孩子努力朝「做到了！」的目標邁進。**與其斥責做不到的孩子，不如盡量提供良好的環境，對孩子說「做到了！」「好棒！」**，我認為這是為人父母最大的喜悅。因為這樣的信念，我寫了這本書。

希望各位父母能在本書中找到任何有助於育兒的靈感。

目錄

我家孩子為什麼做不到？

附錄2

Q&A

改善親子互動的
40則重點訣竅

01 孩子對想要的東西不死心，還容易發脾氣

由美跟媽媽到超市購買晚餐食材時，**每次到了零食區附近都會跑到喜歡的卡通人物包裝的零食前面**。起先她只是拿起來看看，不過媽媽看她在原地一動也不動，就告訴她：「今天不可以買哦。」結果由美就哭了起來。媽媽要是說：「回家了」或是「哭也沒用哦」、「不要太過分」，她**就越哭越大聲，還不停跺腳耍賴**，越來越激烈。最後引來其他顧客或店員側目，然後又裝做若無其事地走過。同樣的狀況就算是到百貨公司購物也不斷重演。

：在家中發生的問題行為

媽媽試圖把由美帶離現場，但她越哭越大聲，幾近尖叫喊著「不要啦！」「我討厭媽媽！」顧慮到其他人的異樣眼光，媽媽最後只好認輸，「只有今天哦。」

原來孩子這樣想

- ◆人家就是想要嘛。
- ◆錯過今天就不知道什麼時候才能買。
- ◆該怎麼樣才能讓媽媽買給我呢？
- ◆對了！大哭之下媽媽就會買給我了。

重點 1 事先告訴孩子到超市去要買些什麼

利用購物清單，讓孩子負責檢查的工作，會比較容易訂出計畫。

重點在於事先約定。

遵守約定就給予孩子大大獎勵。

重點2 孩子一哭鬧，家長應儘速離開現場

我要買，我要買！
真受不了，只有今天哦……

若孩子一旦發脾氣家長就順從，往後就越來越難用「只有今天」來解決。

媽媽在外面等妳哦。

告訴孩子自己在哪裡，然後離開現場。只是要一邊確保孩子的安全……

小建議

如果是終究會給孩子買想要的東西，別在孩子要賴發脾氣之後才買，最好一開始先買孩子想要的東西，之後再一起享受購物之樂，彼此也會比較開心。

02 孩子會把幼兒園的東西帶回家

陽介每天都很期待到幼兒園去。不過，每到回家時，他就會**把幼兒園的玩具帶回家**，怎麼講都講不聽。而他想帶回家的多半是當天玩過的其中一項玩具，有些是幼兒園才有的，有時帶回來的卻是家裡也有的相同玩具。只要大人一不注意，**他還會把幼兒園的玩具塞進口袋或書包裡**。不過，遇到把玩具帶回家的狀況，隔天要他歸還時，他倒是都毫不抗拒地乖乖歸還。

：在幼兒園或學校發生的問題行為

媽媽看到陽介想把玩具塞進口袋或書包時，會從他手中拿過來還給老師並致歉。

原來孩子這樣想

◆真擔心明天幼兒園裡還會不會有同樣的玩具。

◆帶回家之後在家裡也玩得到。

◆把這個帶回家是不對的嗎？

重點 1

回家前和孩子一起整理，隔天確認東西在同一個地方

把這個積木放在金魚旁邊，然後回家啦。
金魚先生會幫我看著嗎？

啊！積木還在！
就跟昨天一樣，在同一個地方。

重點2 跟孩子訂下規則，在幼兒園玩的東西不能帶回家

使用「規定」、「規則」這些字眼。

幼兒園的東西規定不能帶回家，快放回架子上。
家裡有新的繪本送來囉。
我要帶回家～

＊巧妙轉移注意力＊

××幼兒園

請幼兒園在各項物品上貼上財產貼紙，也是有效的做法。

小建議

幼兒有時會誤解，以為從眼前消失的東西會永遠看不見。此外，如果由大人致歉，就失去了讓孩子了解規則，以及要為自己行為負責的好機會。

03

孩子不遵守順序

小良很期待星期天跟爸爸去公園玩。不過，**看到有其他小朋友排隊玩滑梯，他卻一概不管，直接從旁邊插隊。**鞦韆上已經有別的小朋友，他照樣走過去把鞦韆停下來，然後硬把其他小朋友拉下來。聽說他在幼兒園也經常不遵守順序。例如，在外面玩了一會兒，回到園裡在吃飯前洗手時，即便洗手台前有朋友先到，小良也會插隊，而且從後面把正在洗手的小朋友推開，想自己先洗手。

一看到小良不遵守順序時，大人會提醒他，「不可以這樣！」「要遵守順序呀！」

原來孩子這樣想

- 什麼叫做「遵守順序」？
- 我想快點溜滑梯嘛！

重點 1 指導孩子從哪裡開始排隊

不可以插隊！

指導孩子該怎麼做。

看看自己後面有沒有人。
要排在最後面哦。

一開始牽著孩子的手。

重點2 全家人一起玩牌，讓孩子在遊戲中體驗遵守順序

用點方法讓孩子了解順序。

拿到紅色球的人才算輪到哦。
好棒哦。能等到輪到自己。
紅色球！輪到我了。

當孩子遵守順序時給予大大獎勵。

小建議

對一些孩子來說，「順序」這種看不見的抽象規則並不容易理解。即便大人認為「這是理所當然」的事，有時也需要讓孩子藉由實際經驗來培養。

04 孩子經常走丟

小和每次跟家人外出，**經常會趁大人不注意時自己跑到其他地方**。例如，到超市購物時，一走進賣場就東張西望，一旦有所發現，「啊！氣球！」就自行跑掉。在後面追趕的媽媽，以為小和會往氣球所在的地方，到了哪裡卻沒看見人，後來才發現他又到了零食區四處張望。這種狀況重複幾次之下，連媽媽都找不到小和了。

因此，每當參加慶典活動或外出旅遊，小和經常跟家人走丟，得靠廣播找人，或是到派出所領回孩子，這種狀況多到數不清。

小和的媽媽在外出時會留意緊緊牽著孩子的手，但有時一疏忽，小和就跑掉了，媽媽只好緊追在後面大喊著他的名字。

原來孩子這樣想

- ◆來到超市有好多好玩的東西喔！
- ◆媽媽追上來了。是要跟我玩你追我跑嗎？
- ◆我不知道自己跑到哪裡了。

重點 1

讓孩子養成習慣，想去哪裡之前徵求大人的同意

在孩子行動之前就阻止。

要去哪裡啊？
啊！有煙火！
可以去看煙火嗎？

讓孩子養成徵求同意的習慣！

重點2

和孩子事先討論並決定碰面的地點

萬一跟媽媽走散了，就到櫃檯大姊姊這邊來。
好，到櫃檯。

教導孩子一旦走失要向誰求救也很重要。

小建議

當孩子直接衝向感興趣的事物時，即便爸媽緊追在後，孩子也已經達到目的。這種狀況反覆多次之後，孩子會變得不容易守規矩，一想到什麼就馬上有動作。重點在於孩子行動前先予以阻止。

05

孩子經常受傷

小功即使在**沒有高低落差或障礙的地方，也經常跌倒，或造成手腳擦傷**。此外，他不太注意到眼前的東西，經常碰撞到。媽媽跟他一起在公園玩時，發現他東張西望奔跑，一不小心就因為撞到鞦韆之類的遊樂器材或是其他人而跌倒。有時到商店也沒發現**店門是手動的就直接撞上去，甚至撞到流鼻血**。一旦他發現感興趣的東西，就完全不顧周遭狀況，不時會撞倒店內堆放的購物籃，或是陳列的商品。

媽媽認為就算東張西望，也不可能沒注意到眼前的東西，因此每次小功撞到或受傷時，總不斷責備他「都是因為你不小心」。

原來孩子這樣想

- ◆為什麼會跌倒呢？
- ◆我前面有門嗎？
- ◆咦？是我弄倒的嗎？

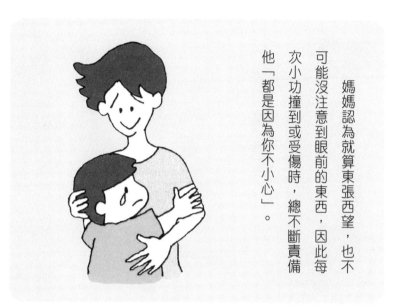

重點 1

在孩子的日常生活中加入需要控制動作的運動，或是提高平衡感及加深認知身體的運動

在公園裡

練習停止

提高對自己身體的認知。

在家裡

跟其他人一起端

重點2 事先和孩子預告可能的危險

小建議

孩子該注意的範圍不如大人想像中的廣泛。有時注意力集中在某件事情上，便對周遭視而不見、毫無察覺。此外，有些孩子並不擅長突然停止或是在危險時自我保護。

06

孩子有異常不服輸的狀況

小俊自從上幼兒園之後，似乎異常在乎輸贏或是得第一。**賽跑時眼看快要輸掉時，會把隔壁跑道的小朋友推倒；猜拳也會慢出**。不僅在這些勝負分明的事情上，就連老師發色紙或洗手這些日常生活中的小事情，他也會為了搶第一而推開排在前面的小朋友。**即使是家人玩球，發現自己快輸時，他也會要求「再玩一次」或是想改變規則**。姊姊說他「這樣太詐了啦！」他還回嘴「才沒有」，然後兩人就吵起來。

小俊在幼兒園第一次的運動會上獲得優勝，爸爸不但大力稱讚他，還買了他想要的玩具送他。

原來孩子這樣想

- ◆ 如果沒拿到第一名，沒贏得優勝，就得不到爸爸的稱讚吧？
- ◆ 不知道如果輸給別人該怎麼辦才好。

重點1 教導孩子「沒關係，算了吧」和「下次再加油」

啊，輸掉了……

稱讚孩子努力的過程，或是下次獲勝的祕訣也是個好方法。

已經努力跑了就好！下次試試看手臂揮高一點。
下次再加油！
我不甘心，居然輸掉了！

嗯？不要緊嗎？

用「下次再加油」、「算了，沒關係」來控制情緒。

啊～輸掉了。算了，沒關係……
剪刀、石頭、布
我跟！

重點2 花點心思讓孩子體會除了輸贏之外也能獲得成就感

能幫忙端飯真是太好了！
會幫媽媽的忙，真棒！

即便在無關輸贏的活動中，也大大稱讚，讓孩子有成就感！

要像我這樣摺。
謝謝哥哥。
會照顧妹妹，好棒！

小建議

孩子的價值觀多數是反映出大人的價值觀。「失敗為成功之母」、「敗者為勝」這些話，也能讓大人心情比較輕鬆。

07 孩子不會切換時間和情緒

小友很會用大量的積木搭出大型建築物或街景，除此之外，他也喜歡畫圖跟摺紙。不管他的話，他可以一個人專心畫圖或摺紙，持續一、兩個小時。但是，不管到了吃飯或睡覺時間，他還是不肯停下來。**硬要他停下來的話，他就會哭著把好不容易搭好的積木弄亂，或是把圖畫撕掉。**據老師說，他在幼兒園玩耍之後，要進到教室或是收拾玩具時，也出現同樣的狀況。

眼看著不肯停止的小友，媽媽也感到很不耐煩。有時候會告訴他，「不停下來的話，就不必吃飯了！」或是「再不聽話，明天就把積木全丟掉哦！」

原來孩子這樣想

- ◆再一下下。
- ◆突然叫我，也沒辦法馬上停下來嘛。
- ◆媽媽雖然說「要把積木丟掉」，其實一定不會這麼做。

重點1 對孩子說一些從其他觀點來轉換情緒的話

隧道快搭好了吧！吃過飯再叫爸爸來看。
還剩一點點。
吃過飯之後再蓋。

做為切換關鍵時說的話很重要。

再摺幾隻就結束呢？一隻還兩隻？
再摺兩隻。

讓孩子決定何時結束也很有效。

孩子若能乖乖結束，便給予大大稱讚。

重點2 事先告訴孩子什麼時候該做什麼事情

計時器嗶嗶叫的時候就要吃飯嘍。

7:00
15
45
30

用可以看到時間經過的工具比較有效。

每個孩子學習切換所需的時間長短也不同。

小建議

三番兩次說要把孩子的玩具丟掉，或是不准吃飯，也就是實際上辦不到的事，幾次下來孩子就知道反正大人不可能這麼做。想要讓黃牌產生效果，必須之後真的伴隨紅牌才可以。

08

孩子常不了解對方的情緒或狀況

健吾經常不管周遭狀況，堅持自己的想法。例如，看到朋友正在玩玩具，當他說「借我玩」卻被朋友拒絕時，他會一廂情願說「那我們猜拳決定誰可以玩」。或者**搭電車時，如果他看到長相有點嚇人的男性講手機，就會大聲對同行的爸爸說：「搭電車時不可以講手機吧！」**此外，上餐廳吃飯時，他看到其他餐廳也有的菜色時，會大聲說出價格，像是「某某餐廳的義大利肉醬麵只要七百八十塊，這裡要一千塊耶，貴了兩百二十塊。」

爸爸在告訴健吾「不可以講這種話」時，也盡可能迅速離開現場。有些狀況下，爸爸不管對方是小孩或大人，都要說「抱歉」、「對不起」來賠禮。

原來孩子這樣想

- 我沒有說錯話呀。
- 爸爸為什麼要道歉？
- 我不知道應該怎麼做才對。

重點 1 讓孩子了解狀況或對方的情緒

說明對方的情緒或狀況。

重點2 告訴孩子該怎麼做才好

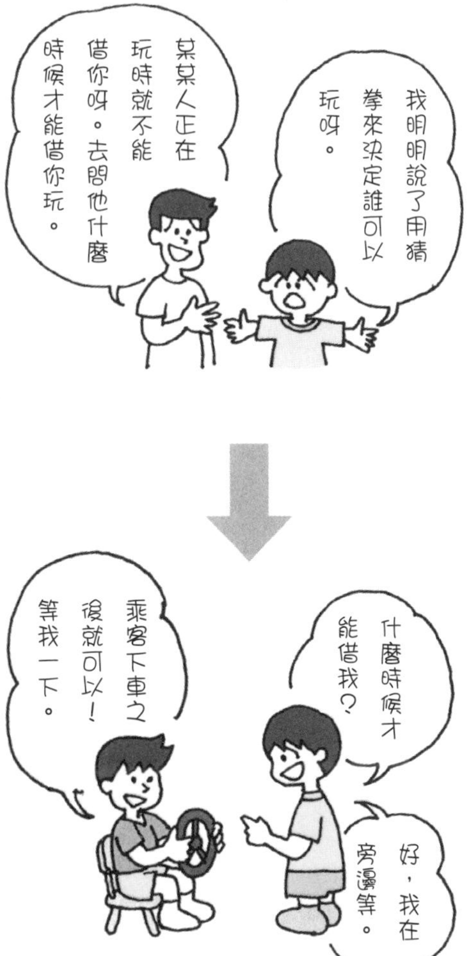
我明明說了用猜拳來決定誰可以玩呀。
某某人正在玩時就不能借你呀。去問他什麼時候才能借你玩。
什麼時候才能借我？
乘客下車之後就可以！等我一下。
好，我在旁邊等。

指導孩子該怎麼做才好。

小建議

社會上有不少狀況，即使我們認為正確，當場明講出來對人際關係卻沒有好處。把狀況分析給孩子了解，然後一併告訴孩子「該怎麼做才對」，也就是面對這類狀況時理想的拿捏，非常重要。

09

孩子總一古腦地說著自己喜歡的事情

悠人很喜歡電車。**只要一聊起電車，他就滔滔不絕，洋洋得意不斷說著自己對電車的豐富知識。**不過，當爸爸問他：「想不想搭那班電車？」他先簡單回答：「想。」接著就開始自顧自地說起來，「某某線的電車起點是某某站……」。除了他最喜歡的電車話題之外，講起前一陣子遠足或生日派對的事時，爸爸問他「開不開心？」或是「下次輪到幫悠人慶祝生日」，**他仍舊依照自己的節奏，使得其他話題毫無進展。**

看到悠人說得那麼開心，爸爸只好適時應和，持續聽他說完。

原來孩子這樣想

- 我想一直說自己知道的事情。
- 聽我把我想說的話都說完嘛。
- 我已經先回答爸爸的問題啦。

重點 1

別只顧著聽，被孩子的節奏牽著走，中途把重點轉移到其他事情上

✕

再多聽他說一下好了。
那是某某型的某某車種的火車哦……
悠人想搭那種火車嗎？

別只顧著聽

過一會兒

來，接著畫圖吧。
……，對哦，要畫圖。

○ 把注意力轉移到其他地方。

重點 2 在看來不容易回答的問題上加入選項

在巴士上做了什麼？唱歌還是猜謎語？
猜謎語
然後還足時搭了巴士……
原來是猜謎語啊！

有誰回答了謎語？
我！
哦！真厲害！

以選項讓孩子回答問題。練習用大人的步調來對話！

小建議

了解的知識未必能用在對話或來解決日常生活的問題。如果在日常對話中淨聽著孩子一古腦兒地說，或許這樣並不能稱為「溝通」。

10

孩子經常一個人玩

阿泰跟爸爸到公園玩時，**經常一個人在沙坑裡挖沙子、灌水，或是找到小蟲之後靜靜觀察**。看到公園裡很多其他小朋友盪鞦韆、爬鐵格子或是溜滑梯，不管爸爸怎麼勸他，他都不肯過去跟大家一起玩。即便公園裡有認識的鄰居小朋友，阿泰也不會主動接近。在幼兒園裡也一樣，大家邀他玩捉迷藏、扮家家酒，他都玩一下子就離開，多半**一個人在教室角落畫圖或讀書**。

即便硬要阿泰融入其他的孩子們，或是找他跟別的小朋友一起玩遊樂器材，阿泰都只會說「不要！」爸爸只好坐在公園長椅上，看著阿泰自己一個人玩到膩。

原來孩子這樣想

- ◆我不太知道要怎麼玩球跟捉迷藏。規則一下子就變了。
- ◆盪鞦韆跟溜滑梯都好恐怖。
- ◆我喜歡看著小蟲子。

重點 1 尊重孩子的節奏

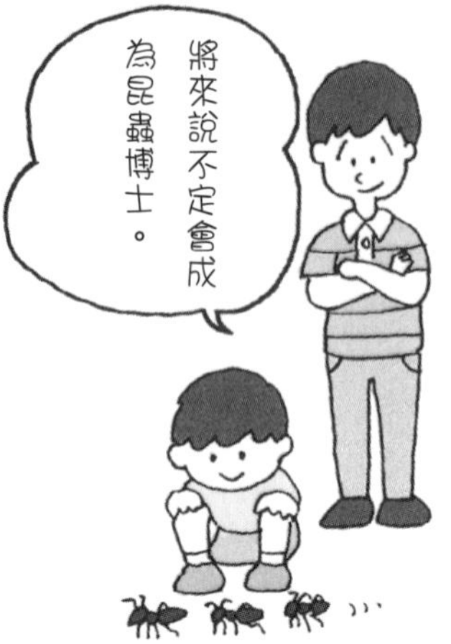
將來說不定會成為昆蟲博士。

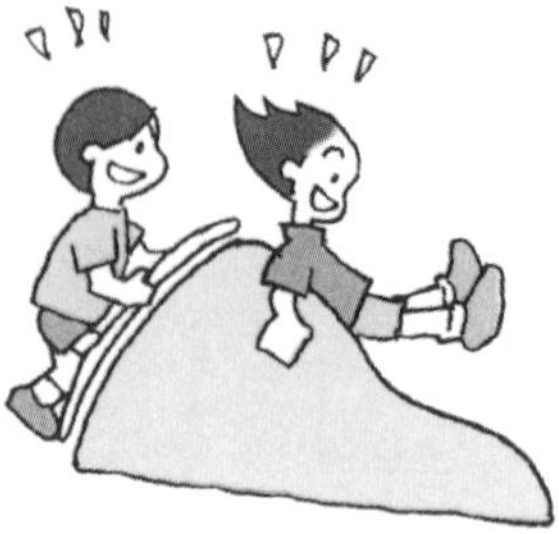

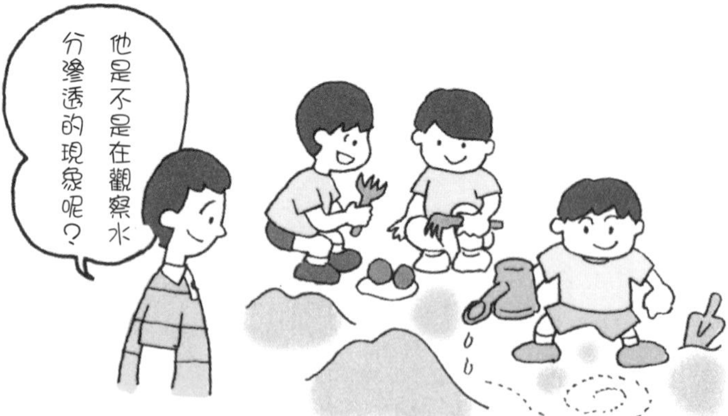
他是不是在觀察水分滲透的現象呢？

重點2 從孩子專注的事情逐漸增加和他人的互動

從孩子有興趣的地方著手

小建議

即使大人認為孩子應該跟其他小朋友一起玩，或是玩大型遊樂器材比較開心，但不少孩子其實並不懂得玩法，或是不擅長一次面對太多人。與其強迫灌輸大人的價值觀，不如針對每個孩子的需求來轉換想法。

11 孩子不肯睡覺

小步晚上經常不肯睡覺。通常過了晚上十點，她仍說「還不想睡」，不肯上床睡覺。**要不就是拿出喜歡的玩具來玩，或若無其事跟著媽媽看起電視。**硬把她拉上床睡覺的話，她會手腳亂踢亂打，大喊著「我不要！」要是這時爸爸下班回家，準備吃飯，小步就會到飯廳跟爸爸開心聊天，**結果十一點多才睡覺。**唸了幼兒園之後，在學校似乎也不愛午睡，早上媽媽七點鐘叫她起床，經常她都起不來。

因為媽媽強迫小步去睡覺通常會遭到激烈的抵抗，久而久之也放棄了。但看著十一點多一上床沒多久就累得睡著的小步，媽媽不禁心想，這樣真的好嗎？

原來孩子這樣想

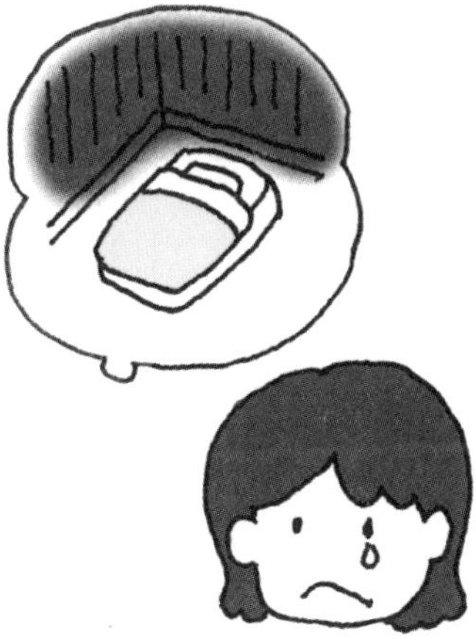

- ◆睡覺好可怕。房間黑漆漆的，而且感覺很奇怪。
- ◆醒著的時候有很多好玩的事情。
- ◆不知道爸爸幾點才回家，我好擔心。

重點 1 設計每天令孩子期待的小儀式

先喝一杯熱牛奶……
八點嘍，該睡覺了。小熊維尼在等妳唷。
晚安。
跟爸爸握手……
讀完一本繪本……
把娃娃放在身邊，
關上燈。

重點2

重新檢視孩子的睡眠環境

光線
利用遮光窗簾或擋雨門……
聲音
盡量保持安靜。孩子可能在意窸窸窣窣的聲音。
光線
睡前一小時左右關掉電視。
壓迫感
蓋稍微有些重量的棉被可能比較好睡。
溫度
不要過熱、過冷，還有溼度也很重要。

小建議

很多人都以為嬰幼兒只要睏了就自然會睡著，但如果不調整家裡環境，讓孩子養成容易入睡的習慣，有時候小孩會到很晚也不睡。此外，這種習慣隨著年齡增長越難養成。

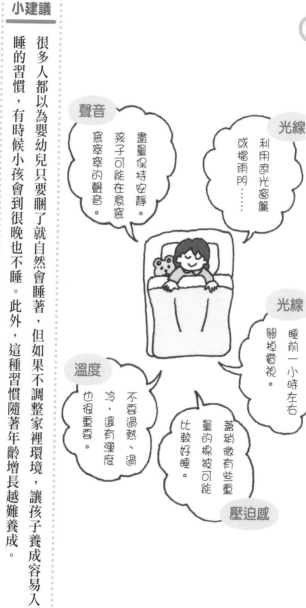

12 孩子非常挑食

小花很挑食，雖然吃很多飯，對蔬菜、菇類或海藻都幾乎不碰。比方說，一碗豆腐加海帶芽的味噌湯，喝完之後她會把海帶芽留在碗裡。吃咖哩飯或奶油燉菜時，最後也會剩下蔬菜。**如果吃的是加很多料的什錦蒸飯，她會想把飯裡的配菜全部挑出來之後才吃飯。**硬逼著她吃，她還會吐出來。肉類雖然會吃，但如果沾到蔬菜的味道就會吐掉。**結果她幾乎不吃幼兒園的伙食，回到家之後才吃很多喜歡的香蕉或橘子。**

媽媽心想，至少讓小花在家時可以吃自己喜歡的食物，所以平常餐盤裡不會裝小花討厭的東西。而且媽媽還怕小花肚子餓，幫她準備很多喜歡的點心。

原來孩子這樣想

◆ 我不喜歡吃蔬菜、菇類還有海帶芽。

◆ 吃點心吃得好飽。

◆ 我最喜歡吃點心。

重點1 嘗試改變調味、裝盤及烹調方法

嘗試改變烹調方法

跟孩子一起構想菜色

星期一想吃什麼？星期二呢？
漢堡排！

一起做菜

藉由了解材料，讓孩子對於不喜歡或第一次認識的食物稍稍降低抗拒的心理……

重點2

利用交換條件的方式，先吃不喜歡的食物就能再吃喜歡的

先吃一口青菜，然後就可以盡情吃白飯。
吃完飯還有甜點唷！

先從一口開始。

肚子餓了～。哇！有香蕉耶！
香蕉是飯後才要吃的唷！

減少正餐以外的點心。孩子肚子餓的話，提早正餐時間也是一種方法。

小建議

非常挑食的孩子，容易讓人擔心食量，或是趁大人一不注意只吃自己喜歡的食物。這麼一來，討厭的食物就越來越不敢吃，陷入惡性循環。應該趁孩子小時候挑戰各種不同食材，這是十分寶貴的經驗。

13

孩子總是離不開媽媽

小直跟媽媽到公園玩時，從來不肯加入其他孩子的行列；**跟媽媽去有表兄弟姊妹的親戚家時，他也老黏在媽媽身邊**。其他小朋友主動邀他「一起玩吧」，得花上好多時間勸說，他才肯跟大家出去。上幼兒園之後，每天早上一進到教室，他就緊抓著媽媽不肯放手。**如果硬把他拉開媽媽身邊，他就大哭大鬧**。不過，等到媽媽上班，幼兒園老師帶著他玩之後，他似乎就能開心待在幼兒園了。

就算硬把小直拉開，他還是哭喊要黏著媽媽，於是媽媽不忍心丟下他逕自上班去，導致經常要折回來再跟他解釋一番，總要花費很長的時間才能離開。

原來孩子這樣想

- 只要一離開媽媽，可能會發生不好的事情。
- 媽媽要去哪裡？我好害怕。
- 如果我堅持不放開，媽媽是不是會回來呢？
- 玩耍很開心，但我想要一直跟媽媽在一起。

重點 1 和孩子分開時加入離開時的儀式

重點 2

告訴孩子媽媽離開後要去哪裡，什麼時候回來

媽媽約好回來的時間。

聽幼兒園老師說明
媽媽不在時的狀況

小建議

有不少孩子即便在跟母親分離時大哭，但真的一分開之後又像換了個人，馬上就能開心玩耍。如果跟母親經歷過分開之後還有好玩的事，或是媽媽能遵守約定，孩子或許就能放心，覺得短暫分離其實沒什麼大不了。

14 孩子不會一個人換衣服

小薰每天早上換衣服都要花很多時間。脫下睡衣倒還好，但接下來要穿上外出服時就很不順利。**光要把一隻手伸進袖子就花上好幾分鐘。**不管他的話，**他就會直接穿著睡衣到外面玩。**另外，**他好像也常忘記檢查上衣和褲子有沒有前後穿對，或是釦子是否全都扣好。**

在忙碌的早晨，如果換衣服占掉太多時間，小薰跟媽媽都會遲到。所以多半在他換下睡衣後，由媽媽幫小薰穿衣服。

原來孩子這樣想

- ◆人家想玩玩具嘛。
- ◆我不知道該怎麼穿衣服才對。
- ◆反正媽媽會幫我穿，我不需要自己穿。

重點 1 在服裝上多花點心思，彌補孩子不熟練的技術

做出標記，讓孩子能
分辨衣物的前後。

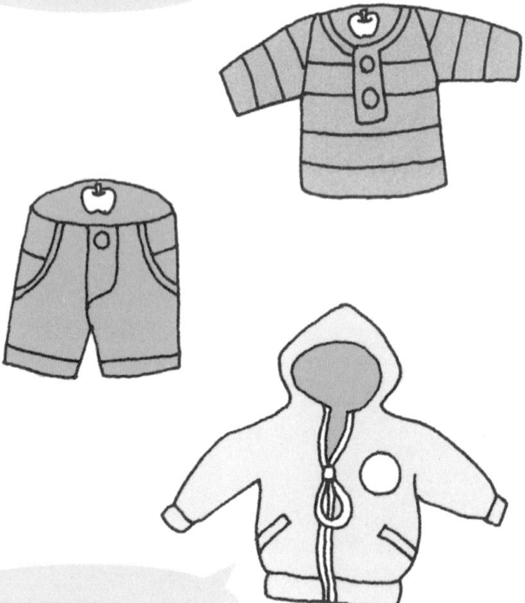

拉鍊頭做得大一點。

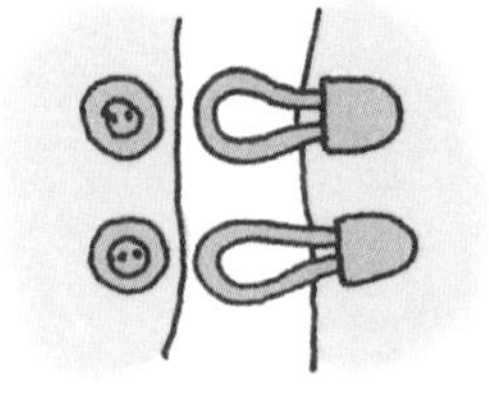

扣釦子時，拉釦帶的
設計會比扣進釦洞的
款式來得簡單。

重點 2 判斷孩子在哪個步驟碰壁，只要在這個步驟上協助

只要幫忙孩子碰壁的步驟。

小建議

脫衣服不太困難，但進入穿衣服的階段，必須檢查衣物的前後，還要扣釦子，其實包含很多道步驟在內。有些孩子並不是不會換衣服，而是在這些細微的步驟中有幾項做不好。

15

孩子吃飯花太多時間

小仕每餐飯都花很多時間吃。**倒也沒有邊看電視，而是吃飯時東張西望、一邊聊天**，經常一頓飯要吃上一個多小時。即便不斷被唸「快點吃！」或是全家人都吃飽離開飯桌，他似乎也不以為意。有時甚至飯吃到一半還想離開座位，**拿在幼兒園的摺紙作品來給大家看**。媽媽看他離開餐桌沒再回來，打算收拾剩菜時，他卻又說「我還要吃」，害媽媽也沒辦法整理。

媽媽為了讓孩子吃到各種不同的食物，都會等到孩子吃完飯才收拾餐桌。有時卻造成孩子只吃很多自己喜歡的東西。如果拖了很久沒吃完，有時也會由媽媽來餵。

原來孩子這樣想

- ◆有好多關注的事情。
- ◆要跟爸爸、媽媽吃得一樣快好難哦。
- ◆不知道該吃多少才算吃飽了。

重點 1

把餐桌上看似吸引孩子的東西收拾乾淨再開飯

×

○

食物分量也減少一些……

重點 2

事先訂好到幾點就要吃完飯，或是吃完飯要做什麼事

在訂好的時間收拾餐桌

已經七點嘍，
該吃飽啦！
你不是七點開始
要看電視嗎？
對耶！今天七點
要播〇〇戰士！

提出對飯後的期待、娛樂也很有效

小建議

大人希望孩子吃的份量，跟孩子能吃的量有時候差距很大。如果擔心營養不足，可以從小用一些小點心或營養食品來補充。讓孩子清楚知道，只要在事先訂好的時間內吃完該吃的量就行，這點也很重要。

16 孩子無法養成每日習慣

小宏始終學不會每天固定該做的日常瑣事。例如，他總忘記出門前要把手帕放到幼兒園的書包裡，**回家之後也忘了把聯絡簿交給媽媽，就逕自跑出去玩**。每天早上到幼兒園時，他從來不記得要把書包裡的毛巾拿出來掛好，或是把聯絡簿交給老師，總是把書包往置物櫃一丟，然後就跑去玩。

另外，**從外頭玩回來也不洗手，吃營養午餐之前忘記在桌子上鋪好餐墊，**經常就直接坐在位子上等午餐。

媽媽在一旁等了很久，看著還是不會自己做好的小宏，忍不住問他：「接下來要做什麼？」「是不是忘了什麼呢？」結果他還是一問三不知的模樣。最後媽媽終於出手幫忙。

原來孩子這樣想

◆ 我想快點去玩嘛。
◆ 一不注意就忘了。
◆ 「是不是忘了什麼呢？」是什麼意思啊？

重點 1 用具體讓孩子了解該做什麼的方法，重複讓孩子體會「做到的經驗」

✕

這類抽象的說法孩子不容易聽懂。

○

用孩子理解的方式指導具體該做哪些事。

重點 2 花工夫讓孩子想起老是忘記要做的事

要放進幼兒園書包裡的「手、墊、聯、紙」都帶了嗎？
嗯，「手墊聯紙」、「手墊聯紙」。
啊，沒帶手帕。

手…手帕
墊…餐墊
聯…聯絡簿
紙…面紙

用一些簡稱、諧音或貼紙，幫助孩子記憶。

餐墊
啊！忘了帶餐墊。

小建議

大人認為非做不可的事，有些對孩子來説並不太感興趣，或是認為沒有必要。要養成習慣就得保持耐心，多次反覆。

17 孩子不會巧妙運用雙手

小隆似乎**不太會用剪刀剪紙，而且連直線也剪不好**，更別說有弧度的曲線。剪貼膠帶時也常弄得亂七八糟。就連摺紙時對摺，兩頭也對不準。上幼兒園時每天要帶便當盒，**便當袋的帶子他也綁不好**，經常便當盒會在書包裡掉出袋子。快上小學時，開始學用筷子，但他就是**沒辦法用筷子好好把飯送進嘴裡，經常吃完一頓飯掉了很多飯粒跟食物**。因此，他經常說想拿湯匙吃。

每當小隆不會善用工具時，在一旁的媽媽就會指責，「你看，你怎麼轉不過去！」「吃飯不可以一直掉飯粒哦。」「看清楚呀！」但小隆還是無法改善。

原來孩子這樣想

◆ 在旁邊講也沒有用呀，我就是不會嘛。
◆ 該怎麼做才對呢？我已經照媽媽說的做了呀。
◆ 好討厭，我不學了。

重點 1 在工具和用法上花點巧思

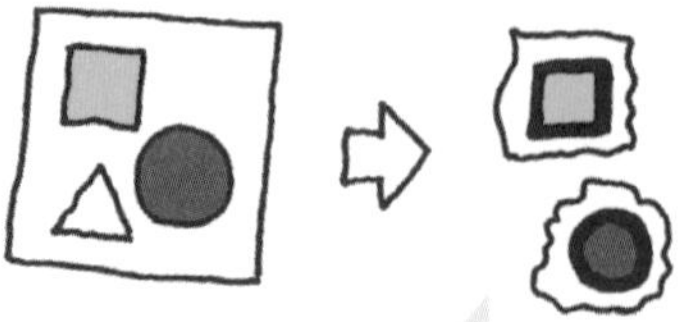

比起用一大張紙 → 分成幾張小張，而且線條加粗一點，比較容易看懂。

筷子可選用六角筷或免洗筷，比較不容易滑動。

按部就班練習

把紅繩子跟白繩子先打個叉叉。
打叉叉，打叉叉。
對，對。

重點2 不要只用言語指導孩子，可以試著從旁協助

與其用言語說明

↓

不如在一旁協助，讓孩子累積「做得到」的經驗

小建議

一再重複做不好的事情，有些孩子可能一下子就放棄，或是認為自己很笨。可以嘗試先降低標準，累積多次「做得到」的經驗，給予孩子鼓勵，雖然看似費工夫，但不失為一個確實邁向目標的方法。

18 孩子經常使用嬰兒語

明年要上小學的小惠，到現在還很常使用嬰兒語。在很多發音上都發不清楚，比方說，「明天遠足要帶便當」，她會說成**「迷天遠竹腰帶便湯」**，結果其他人都聽不懂。雖然很熟的人猜得出來，但**隔一陣子才見面的奶奶似乎常不了解小惠想說什麼**。媽媽很擔心，再這樣下去，唸小學之後會不會變成同學嘲笑的對象。

媽媽說，「應該是『明天』才對，妳說說看。」「不是『迷』，是『明』。」解釋之後要小惠再說一次，但她還是說成「迷」。

原來孩子這樣想

◆是哪裡不對呢？
◆不喜歡講話了。

重點1 讓孩子練習多動嘴巴

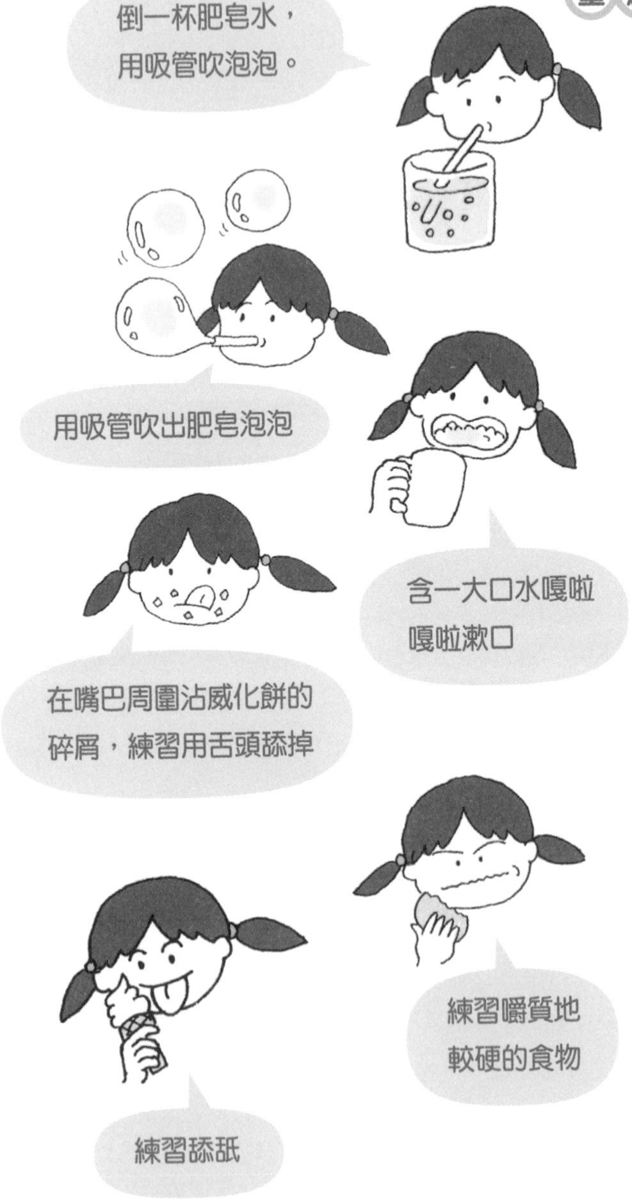

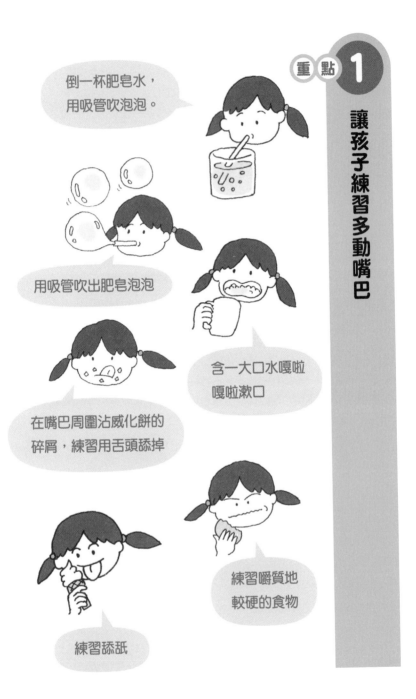

重點2 到專業機構檢查一下孩子的狀況

先到有心智科的醫院，經由醫生檢查及評估

評估後再觀察狀況，依需要由語言治療師定期指導

接下來依照老師說的挑一張卡片。

隨著年齡增長，原先說的嬰兒語應該會自然而然減少

小建議

根據嬰兒語持續的年齡及實際狀況，可能有各種不同成因。與其擔心，不如請教專家，有時候可以儘早改善。

19 孩子不會整理身邊的物品

小慎放學回家後，**把書包往玄關一丟就跑出去玩**。無論媽媽怎麼苦口婆心說「先把東西整理好！」他總是回一句「待會兒再弄」就衝出門。得要媽媽趁他還沒衝出門之前逮到機會，「把書包拿回自己房間。」他才會心不甘情不願地照做。不過，等小慎出門玩耍後，媽媽到他房間一看，發現**書包就丟在地上，連裡面的課本跟筆記本都掉出來散了一地**。也就是說，如果沒有媽媽跟著小慎到房間裡，看著他把書包掛好，光靠他自己就不會整理。

媽媽看到老是丟在玄關的書包覺得很不順眼，只好每天把小慎丟下的書包拿到他房間裡。

原來孩子這樣想

◆我想趕快出去玩嘛。

◆收拾整理東西好麻煩。

◆我不知道東西要收到哪裡去。

◆反正我不用收拾，媽媽也會幫我弄好。

重點 1

在家中決定一處簡單整理收放的場所

在玄關旁的牆壁上設一個掛勾，類似這樣規劃一個讓孩子能簡單收放的場所。

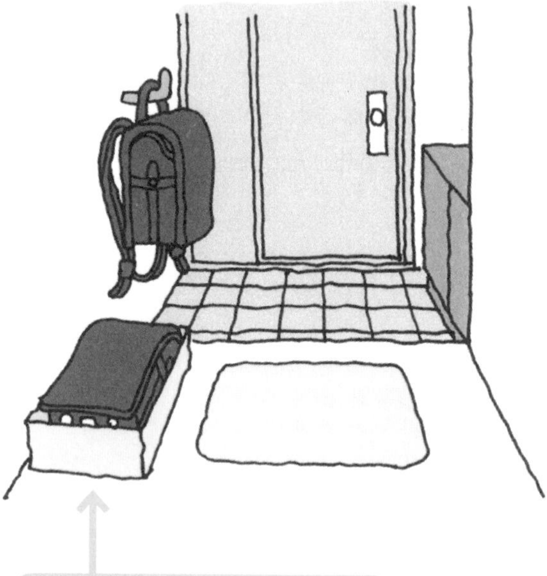

也可以放一個「暫放箱」。

重點2 當孩子整理完適度給予獎勵

使用引導或類似尋寶的方式

房間的書桌
事先貼張紙條
書桌旁邊
把書包掛在這裡。
好想吃某某店的冰淇淋哦……

每完成一項就收集紙條，然後給予孩子特殊獎勵。獎勵內容可以跟孩子討論後決定。

小建議

大人希望孩子收放東西的地方，跟孩子認為方便收拾的場所並不相同。家長必須思考，讓家中保持井然有序，和養成孩子隨手收拾整理的習慣，哪一項比較重要。

20 孩子不遵守跟朋友間的約定

小唯經常忘記跟朋友的約定。例如，**前一天跟朋友約好隔天要一起上學，結果她自己先走**；約好放學後跟朋友在公園碰面，她卻在家裡跟姊姊玩，讓朋友空等。**還曾經跟朋友借書，但過了很久都沒還**，還讓朋友打電話來家裡問。在學校分配各自負責的全班家政課材料時，也只有她一個人忘記，給全班同學添麻煩。**有時候還被同學責備「沒有責任感」、「大騙子」**，小唯對此也感到很懊惱。

媽媽得經常向依約前來的朋友道歉，或是打電話到空等的朋友家賠罪。

原來孩子這樣想

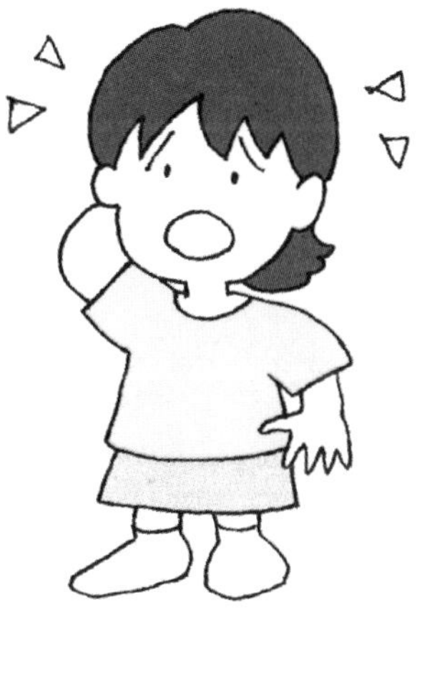

- 我又不是故意的。
- 我不記得有約呀？
- 多虧有媽媽幫我道歉。

重點 1 讓孩子養成記下重要事項的習慣

重點2 教導孩子需要為忘記的事情負責任的方法

✕

○

指導孩子承擔不小心犯錯的責任

小建議

在孩子的行為中，有不少必須道歉，或是讓人困擾、不知道該如何是好的狀況，其實對孩子來說很可能是個大好的成長機會。

21

孩子一生氣就動手

恭介幾乎每天跟弟弟吵架，還會打弟弟的頭，踢弟弟的肚子。兩人爭吵的原因有很多，但都是一些雞毛蒜皮的小事。比方說，恭介洗手後忘了把水龍頭關緊，弟弟便提醒他，類似這種自己的錯誤遭到糾正的時候。此外，做圖畫作業時，如果調水彩用太多水，或是沒調出喜歡的顏色，總之不順心時也會對身邊的弟弟出手。在學校裡據說**會因為一些小事，就跟朋友起爭執，或是用力踹桌椅。**

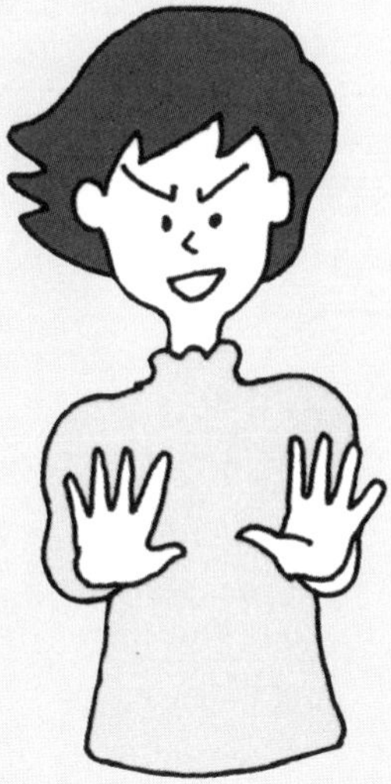

媽媽一看到弟弟哭了，就會斥責，「有完沒完呀！是哥哥惹你哭的吧？」每次在學校跟同學吵架，媽媽隔天就要他答應不能再跟人吵架，然後才送他上學。

原來孩子這樣想

- ◆先聽我為什麼不高興嘛。
- ◆我也知道不可以，但就是忍不住動手。
- ◆我有這麼壞嗎？
- ◆媽媽為什麼這麼生氣？

重點 1 教導孩子該怎麼做才好的理想方式

將情緒與語言連結

說明狀況

一起思考該怎麼做才好

實際嘗試

重點2 花工夫思考孩子該如何控制情緒

飲食、睡眠等規律生活也很重要。
找到妥善控制情緒的方法。
WC
躲進廁所
鑽進被窩
喝水
深呼吸
記得暗號嗎？
唔，不要緊。
好乖，忍下來了。媽媽很高興哦。
如果孩子能忍下怒氣，要給予大大獎勵。

小建議

遇到孩子無法控制情緒時，即便事後一再提醒，孩子通常會不當一回事，聽不進去。此外，就算事先講好，經常也會到時忘記。

22 孩子即使下了指示也不會馬上去做

康幸唸小學一陣子之後，老師就向媽媽反應，**在學校對全班下達指示時，康幸似乎也不跟大家一起做功課**。看到隔壁同學在做，才趕緊跟著做，總之經常是慢半拍。即使在家中，媽媽從遠處高喊：「去洗澡！」**他多半也只反問：「妳說什麼？」**在學校時，老師走到他身邊的話，他會問「要做什麼？」但如果老師沒注意到，他常會一個人發呆，遲遲沒做功課。

每當康幸反問之後，媽媽就會跑到他身邊正視著他，再說一遍，「去洗澡了！」然後康幸會回答：「洗澡啊，好。」接著準備洗澡。

原來孩子這樣想

- ◆老師說的話我聽不太懂。
- ◆如果一開始就在我旁邊說，我就聽得懂呀。
- ◆跟我一個人講不就好了嗎？

重點 1 確認孩子在什麼樣的狀況下經常反問

重點2 找到容易讓孩子了解的方式，告訴老師

如果靠近一點，正視著小孩具體告訴他該做什麼，他應該會比較聽得懂。
好的好的，我了解，我會試試看。

讓每個孩子容易了解的方法都不同。

小建議

即便慢半拍，如果孩子仍願意主動做功課，或是反問來試圖了解問題，表示孩子心中還保有依照指示去做的「意願」。面對這樣的孩子，應該要重視他們的情緒。

23 孩子說起話來天馬行空

美季很健談，但她的**話題經常過於天馬行空，使得周遭的人聽不懂她到底在說什麼**。比方說，吃早餐時看到下雨，她會突然問：「有水藍色的傘嗎？」好像是因為想起在才藝表演時用的是水藍色的雨傘。此外，在大熱天跟爸爸外出散步時，她會出其不意問道：「漢堡排裡會加番茄嗎？」據說她聯想的脈絡是：天氣熱↓番茄枯死↓吃不到番茄↓漢堡排裡也加番茄嗎？因此，跟朋友一起玩的時候，經常朋友會說「聽不懂美季在說些什麼」。

「水藍色的雨傘是什麼意思？」爸爸一問之下，美季才露出一臉驚訝回答，「就是雨傘的顏色是水藍色，給小朋友用的呀。」解釋過後仍讓人聽不懂。

原來孩子這樣想

◆ 爸爸說的話我都聽不懂。
◆ 我說的當然就是才藝表演上的雨傘嘛。
◆ 爸爸才奇怪，為什麼不懂我講的事情呢？

重點 1

告訴孩子對方了解到什麼程度，以及不知道哪些事

爸爸不知道水藍色的雨傘耶，告訴我吧。
什麼嘛，原來爸爸不知道啊。

告訴孩子自己不知道。

下次一開始最好先說「欸，你知道某某事嗎？」這樣比較好哦。
原來如此。

此外，教導孩子說話時可以從「對了……」「你聽過某某事嗎？」這些當做開頭，比較令人易懂。

重點2 讓孩子藉由遊戲練習表達對方不知道的事情

描述繪圖的遊戲。

旁邊畫一個
很長的長方
形……

規則

1. 要孩子口頭說明正方形、圓形、三角形等，用圖形來繪圖。
2. 大人坐在看不到孩子畫圖的位子上。
3. 由孩子口頭說明形狀，大人依據說明畫下。
4. 完成同樣的圖畫即可。

「猜猜我是誰」。

猜猜我是誰。
第一個提示，
是動物。

規則

1. 由一個人在腦子裡想一項事物。
2. 由這個人陸續提出提示。
3. 知道的話就猜猜看。
4. 各人輪流出題。
5. 比較得分高低可更添趣味！

小建議

有些孩子誤以為自己知道或經歷過的事，父母一定也都曉得。這種情況尤其常出現在年齡較低的兒童身上。或許他們無法想像對方並不知道。

24 孩子經常誤解別人的意思

小勉好像經常會錯意。例如，放學回家後，他說「要去找小達他們玩」然後就出門了，一會兒卻氣呼呼回來，「小達不守信用，根本不在家」。此外，有時他哭著回家，問他原因他便生氣回答：「我以為要跟小矢一起回家，結果他丟下我先走了」。在家裡也一樣，**早上聽到爸爸、媽媽說，「偶爾也想上館子」，小勉就擅自誤以為今天要上館子。**看到媽媽準備晚餐時還問「為什麼要做飯？」這才知道自己會錯意，但他似乎**不能修正自己的想法，反倒當場哭了起來。**

在學校發生一些讓小勉誤會的狀況，媽媽會嘆氣問他：「為什麼會這樣想？」不過，如果是家裡的事，媽媽有時就順著他的意思，例如，「好吧，今天就上館子。這樣媽媽不用做晚飯也輕鬆。」

原來孩子這樣想

- ◆可是我以為已經約好了呀。
- ◆只要一哭，事情是不是就能照我的意思呢？

重點 1

教導孩子約定的方法

教導孩子約定的規則，要訂好時間、地點，做些什麼事。

重點2 教導孩子確認的方法

三點在櫸木公園踢足球好不好？
好啊。
小達說「好」了嗎？
嗯！

確認約定也很重要

小建議

一再重複做不好的事情，有些孩子可能一下子就放棄，或是認為自己很笨。可以嘗試先降低標準，累積多次「做得到」的經驗，給予孩子鼓勵，雖然看似費工夫，但不失為一個確實邁向目標的方法。

25 孩子經常丟三落四

千春好像每天都有**該帶到學校的東西卻忘在家裡**。有時候是勞作課當天特別要用到的材料工具，有時甚至連墊板、鉛筆盒這些每天必要的東西也會忘。也曾經把作業本、聯絡簿忘在學校沒帶回家，鉛筆、橡皮擦動不動就搞丟，買了新的也用沒多久又掉了。**媽媽到學校參加家長會，看到失物招領處就放著千春的東西**。跟朋友到公園玩，經常回家時忘了先前戴的帽子或穿的毛衣外套。

媽媽一遍遍提醒「不要忘嘍」之下，千春還是丟三落四，到最後媽媽忍不住怒罵：「妳到底在幹什麼！」然而，一發現千春把該帶到學校的東西忘在家裡，媽媽還是會幫她送到學校。

原來孩子這樣想

- ◆ 呃，帽子放到哪裡去了啊？筆記本應該已經放進書包了呀。
- ◆ 太多非帶不可的東西，我記不得那麼多嘛。
- ◆ 媽媽每次都會幫我送來，沒關係啦。

重點 1 讓孩子帶少一點東西，或是訂出一個地方放不能忘記的東西。

每一科的筆記
合成一本

把當天用不到的東西
放一邊

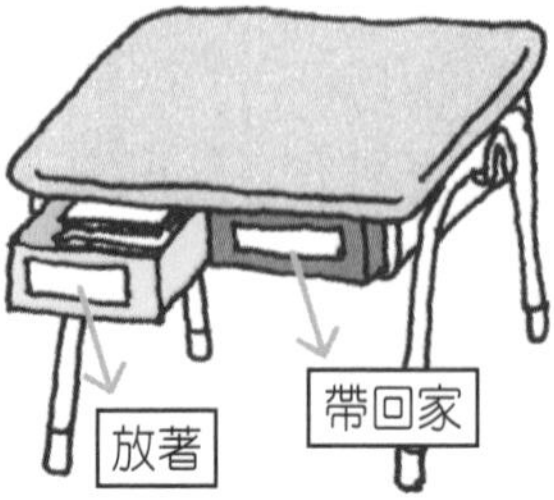

連在一起

每個科目做一個收納箱，
收放筆記本跟課本。

重點2 花點心思讓孩子記住。

把容易忘記的東西寫下來，用扣環掛在褲子皮帶上。

用數位錄音筆也是一種方法。

使用攜帶物品確認清單。

小建議

很多孩子只要一專注在某件事上，就會丟三落四。有時候因為要顧及太多事情，就會健忘。與其每當孩子健忘就責罵，倒不如思考怎麼樣讓孩子記得更重要。

26 孩子動不動就耍賴

恭子經常**因為一點小事不如意就耍賴，而且一發脾氣就很難收拾**。例如，她本來想穿的一件衣服，發現扣子掉了，想請媽媽補上扣子，但媽媽說「沒時間了」而沒幫她補上，吃早餐時恭子**就板著一張臉，不發一語**。

此外，遇到她想買的書賣完，或是跟媽媽外出購物來不及趕回家看喜歡的電視節目，**一有這種狀況，她就氣得亂打身邊的東西，或是不吃晚飯**。

看到恭子始終不肯恢復情緒，媽媽也感到不耐煩，最後總氣得忍不住說出「妳不要太過分喔！」「妳怎麼每次都這樣！」或是「上次也是……」這類的話。

原來孩子這樣想

- ◆我無論如何都想做某某事嘛。
- ◆我沒辦法一下子改過來啦。
- ◆我討厭媽媽每次都喜歡翻以前的事出來說。

重點 1

對孩子耍賴妥善地不予理會

用跟孩子相同的角度來提醒孩子，
會使得大人跟小孩情緒越來越激動

不要重複同一件事，妥善離開現
場，暫時置之不理也很重要

重點 2 接受孩子的情緒

既然這樣，妳應該早點去買才對吧。
可是……可是
可是我無論如何都想今天看到嘛。

如果針對孩子不如意的狀況進一步煽動，將會造成孩子不斷以「可是……」回應，無法收拾。

這樣啊！真可惜，等不及早一點買到吧。
嗯，很可惜呀。本來想無論如何都要今天買來讀的。

將孩子的情緒化為語言來接受。

小建議

聽到孩子說些沒道理的話，大人通常會感到不耐煩。這種狀況下如果跟孩子處於對立的立場，即便說得正確，可能還是會為孩子不耐的情緒火上加油。有時和孩子暫時保持一段距離也很重要。

27 孩子面對多項指示時沒辦法全都做好

每次媽媽把該做的幾件事情一次告訴裕之，他總是沒辦法全部做好。比方說，告訴他**「放下書包之後拿聯絡簿跟鉛筆盒過來」**，**結果他只拿了鉛筆盒。有時候他會問好幾次，「你說什麼？」「接下來要做什麼？」**在學校也一樣，例如數學課下課後要到音樂教室，老師說：「數學作業交上來的人，帶著直笛跟課本到走廊上，分組安靜排好隊。」結果裕之只抓了直笛就衝到走廊上。

在家裡只要媽媽再說一次，裕之通常都能拿對，但在學校裡，他好像經常到了音樂教室才發現忘了帶課本，然後得一個人再回教室拿。

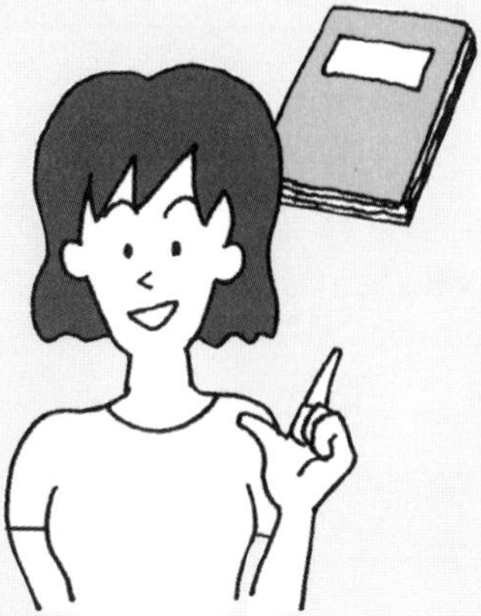

原來孩子這樣想

◆跟我說那麼多我記不得啦。

◆既然還要再說一次，為什麼不一開始一件一件講呢？

重點 1 把希望孩子做的事一件件依序指示

×

書包放好之後，把聯絡簿跟鉛筆盒拿過來。
鉛筆盒……？

○

一件件指示希望孩子做的事

書包放好後，先把聯絡簿拿出來。
先拿聯絡簿……

重點 2 確認孩子是否記得交代的事情

你說說待會要拿的兩樣東西。
嗯，有兩樣。
聯絡簿跟鉛筆盒。

與其把重點放在內容，不如先說明「什麼東西」、「幾樣」，孩子也比較容易聽懂

確認孩子是否記得。

我剛要你拿什麼跟什麼？
聯絡簿跟鉛筆盒。
對！聯絡簿跟鉛筆盒。

簡潔反覆

有多項事情的時候，如果寫在黑板上孩子會比較能記住。
好的，寫在黑板上，這一點可以配合。

跟老師商量在學校能配合的方法。

小建議

小學低年級階段的孩子，有時要他們記住兩項指示並執行，已經是他們的極限。如果得重做一次，不如一開始就指示孩子能正確執行的份量，這樣對彼此都比較輕鬆。

28

孩子總是不安分的動來動去

小武放學回家之後，功課寫不到三分鐘就離開座位，然後晃來晃去，或是看起漫畫。**看電視時也一樣，不到十分鐘就站起來喝水，或是拿起遙控器不停切換頻道**。玩耍時經常跳來跳去，不管雙腳、脖子，總之身體有部分動個不停。這種不安分的狀況也出現在學校，**上課時忽然想到什麼就站起來，甚至跑到教室外面**，或是轉頭望著教室後方的水槽，要不然就是把放在書桌的課本拿在手上。

爸媽對小武有時好言說「安靜一點」，或是以「不要晃來晃去！」「不要拿遙控器轉來轉去！」嚴厲責備。每次剛說完，他會安靜一會兒，但沒多久又開始晃來晃去，或是拿遙控器不停換頻道。

原來孩子這樣想

- ◆因為我很好奇發生什麼事情呀。
- ◆要長時間坐著好辛苦哦。
- ◆安分一點是什麼意思？我不安分嗎？

重點 1 養成孩子在行動前先徵得大人同意的習慣

讓孩子養成行動前先徵得大人同意的習慣。

↓

下一個階段
培養孩子因應「想做什麼就要先做好某件事」的溝通能力。

→ 成為學習規矩的機會。

當孩子做到溝通好的內容時，別忘了給予稱讚！

重點 2

讓孩子意識到自己的行動

有時候孩子並沒有意識到自己身體動來動去。

要讓孩子意識到身體在動，可以觸摸或做出指示比較有效。

小建議

有些孩子根本沒察覺到自己身體動個不停。先讓孩子發現自己在做些什麼比較重要。

29 孩子一個人做事時沒有進展

小航在暑假作業的自由研究中，決定使用回收的空箱、包裝紙和電池來製作機器人。不過，**動工之後他卻動不動就問爸爸，「接下來該怎麼做？」**完全沒看到他自己花腦筋想。如果爸爸說：「你自己想想看」，他的作業進度就停滯不前。在學校的勞作課也一樣，**只要遇到需要自己花心思去做的時候，他就很難獨自有進展**。結果經常沒做完，只好帶回家請爸爸幫忙完成。

爸爸每次看到小航一個人不會做功課或自由研究的作業時，總不忍心不理他。於是就會逐一下達指示，「先做這個。」「接下來是……」像這樣一步步跟小航一起完成課題。

原來孩子這樣想

- ◆跟爸爸一起做，每次成果看起來都特別棒。
- ◆有爸爸告訴我下一步該怎麼做，感覺輕鬆多了。
- ◆我自己不知道該怎麼完成嘛。

重點 1 和孩子一起想像完成後的狀況

你想做出什麼樣的機器人？
臉、身體都是方方的，手可以伸長。
聽孩子對於成品的想像，試著畫出來……
可以上網搜尋……
也可以查書……
ROBOT
想做出這種樣子！
一起製作出完成圖。
哦！很努力唷。
在製作過程中也需要不時給予鼓勵。

重點 2 和孩子一起確認作業進行時的順序

機器人的身體要用什麼來做？這樣就行了嗎？
用面紙盒好嗎？
還要著色。
臉要用什麼做呢？眼睛跟鼻子呢？
臉用肥皂盒，鼻子跟眼睛用麥克筆畫上去。
就依照這個順序來做。好！
步驟表
①面紙盒著色。
②用麥克筆畫出臉。
③……
④完成。

連帶做出步驟表。

小建議

有的孩子在做事情時不擅於訂立步驟，不過，對於完工時的成果，孩子會有自己勾勒出的形象。反過來說，另一類孩子很清楚了解步驟，卻無法想像出完成的狀況。孩子的學習模式因人而異。

30

孩子有完美主義傾向

小晃功課很好，日常生活的大小事宜也都處理得很好，甚至**沒做好就覺得不安心**。比方說，練習寫漢字時即便沒寫錯，其他人也覺得他寫得很好，但一豎寫得不夠直，小晃也會重複擦掉再寫好幾次。早上換衣服時也是，脫下來的睡衣他一定要疊得很整齊，像送乾洗一樣。小晃上學後，如果媽媽碰過他的睡衣他也會一回家就發現。**在學校上數學課畫圖時也是，線條稍微歪掉也不行**。

「已經很整齊了呀。」「寫得很漂亮啦。」媽媽雖然這麼說，小晃似乎全都聽不進去。如果媽媽想把東西拿走，不讓他再繼續做，小晃就會放聲大喊，有時甚至動手，最後媽媽也只能隨他高興了。

原來孩子這樣想

◆這樣根本不行嘛。
◆媽媽好囉嗦。
◆沒做好會讓我很難受。

重點 1

教導孩子「沒關係，算了吧」

有一點點燒焦了，沒關係，算了吧。

「沒問題」、「不要緊啦」、「沒關係，算了吧」、「下次再加油」，這些都是具有魔法的用詞。

沒問題，一點點不要緊的。
呃，不要緊？沒問題？沒關係，算了吧……

稍微有點歪，沒關係，算了啦。
啊！歪掉了。
這樣好嗎？

幫助孩子設定可能實現的目標

把睡衣放在這個袋子裡就可以了。
嗯！好的。

設定可能實現的目標。

照著範本寫吧。
沒關係……

用不能擦掉的簽字筆寫，或許能讓孩子覺得「沒關係，算了吧」……

小建議

想把每件事做好當然不是壞事，但如果滿腦子想的只是「非這樣不可」，不斷自我要求過高的話，生活就變得處處有困難。不論父母或孩子，都應該在某些時候、狀況下學會適可而止。

31 孩子不遵守家規

孝弘生日時爸媽送他掌上型遊戲機當禮物，**從那天起，他每天都花好幾個小時打電動**。爸爸送禮物給他時已經講好，每天玩一小時。不過，孝弘玩了一小時也沒打算休息。如果跟他說，「已經玩一小時，該休息了」他就會回答：「再一下下，等過完這一關」，然後就這樣過了十分鐘、二十分鐘。最後得不斷提醒他：「這跟先前講好的不一樣，你不要太過分哦。」孝弘才會心不甘情不願停下來，不過似乎他還會**半夜醒來，背著家人偷偷玩**。

爸爸沒辦法隨時都在孝弘身邊，所以只能在發現時提醒他。這麼一來，有時候孝弘會一口氣玩了兩、三個小時的電玩。一家人外出時，孝弘也寧願待在車上打電玩。

原來孩子這樣想

◆ 我知道啦。不過再一下下嘛，現在正玩到緊要關頭。

◆ 在車上也玩不到一小時，應該沒關係吧。

◆ 只要不被爸爸發現就行了。

重點 1 在孩子確實遵守之前不可以破例

✕

規則因時間、場合改變，
會造成孩子混淆。

○

讓孩子遵守訂好的規則
需要花點工夫。

重點2 以具體的形式讓孩子了解規則

玩電動的規則
①玩一個小時就要關掉電源。
②星期日把電動玩具交給爸爸保管。
③晚上也要交給爸爸保管。
這是在家裡打電動的規則。
嗯！我知道了。

與其用「不要做某某事」的規定，孩子比較能了解「要遵守某某事」的內容。

30:00
計時器響嘍，該收起來了。
嗯！好的。

由自己操作的話，比較容易告一段落。

小建議

父母明明送了孩子電動玩具，卻又說「不能玩」的話，對孩子來說這太沒道理。除了訂出明確的規則，大人也得花點工夫讓孩子學會遵守。這麼一來，購買電動玩具也成了讓孩子遵守規則的好機會。

32 孩子總是藉口很多

早紀面對自己的失敗時，經常不坦然道歉，反而找很多藉口。例如，**跟朋友玩的時候，當她忘記幫忙別人，她會說「我現在才正想到嘛」**。此外，自己不小心把碗摔破時，她會說「飯太燙了害我拿不住」。**面對忘東忘西或是失敗時，她總是繞一大圈不斷解釋為什麼會這樣**。像是考試考了四十分，當爸媽找到被她藏起來的考卷時，她會辯稱「老師事先又沒說要考試，突然抽考才這樣，是老師不對吧？而且也有其他人考四十分」。

爸媽告訴早紀「不可以找藉口」，她會說「這又不是藉口」，或者不斷重複「可是……可是……」遇到這種狀況，爸媽只能在告訴她「不要再鬧了」之後，要她道歉。

原來孩子這樣想

- 為什麼沒有人懂得我的心情呢？
- 我又沒騙人。講真話也沒有人相信我。
- 反正道歉就好對吧？那就道歉呀。

重點 1 接受孩子失敗的理由

先接受孩子的情緒。

重點2 教導孩子理想的道歉方式

讓孩子知道道歉的狀況。

因為老師又沒說會出這一題。
咦？是這樣嗎？
爸爸生氣的不是妳考低分，而是妳把考卷藏起來。

教導孩子道歉的方法。

對不起，我把考卷藏起來。
如果下次不藏考卷，爸爸就不會生氣嗎？
妳坦白道歉，爸爸很高興哦。
如果說實話，我就不生氣。

重點在於讓孩子知道錯在哪裡，之後該怎麼做。

小建議

青春期的孩子稍微受到指責就大傷自尊心，可能會找藉口來保護自己。能夠掌握到自我的主張，就不需要一味責罵。要是最後只是讓孩子說句「對不起」，很可能只淪為父母的自我滿足。

33 孩子不會決定事情的優先順序

良太主動提出想學的才藝，每週要上兩次課。他對於學習這些才藝樂在其中，經常說「星期三要上習字課」，或是「這次游泳課學了自由式」之類。但是，放學回家之後，**只要離才藝課還有點時間，他就跑出去找朋友玩，玩到該去上才藝課也不回家。**好不容易回到家，還會說「沒吃點心」或是「學校功課該怎麼辦？」始終不肯準備出門上才藝課。**結果每次去上才藝課都得遲到。**

每當看到急忙回到家的良太，媽媽總不斷說「再不快點要遲到嘍」。但良太還是不快點準備，導致來不及，多半最後都得由媽媽開車送他。

原來孩子這樣想

◆該去哪裡，要做什麼我都知道呀，但搞不清楚該從哪裡開始嘛。

◆可是我也想跟朋友玩呀。

◆一直叫我「快一點」，我已經很快了耶。

◆媽媽開車送我就來得及，沒關係吧。

重點 1 陪孩子訂出計畫，決定事情順序

✕

○ 前一天晚上

3:00 放學回家，吃點心
3:30 準備游泳課用具
3:40 找朋友玩
5:00 游泳池

重點2 以簡單易懂的時間來和孩子說明什麼事要在幾點之前做完

手錶發出嗶嗶聲就要回家哦。
嗯，知道了。

或者也可用計時器、呼叫器等輔助……

啊！我得回家了。

你乖乖遵守約定，媽媽很高興哦。
這樣就趕得上游泳課了。

孩子遵守約定的話，要給予大大稱讚。

小建議

有很多想做、必須要做的事情時，得預留多一點時間，依序進行才對。這一點連有些大人都不容易做好。最好多保留空間訂好計畫，才能付諸實行。

34 孩子一個人時就不用功

愛佳就快升上中學了，平常有媽媽在旁邊的話，她就會坐在書桌前做完功課，**但如果要她自己做功課，她會拖拖拉拉也不坐到書桌前面**。或是好不容易坐下來，卻在看漫畫、打電動，要不然就是邊聽音樂邊唱歌，完全沒有要用功的樣子。媽媽很擔心，這樣下去，上中學之後**她也不會一個人預習、複習、準備考試**。

媽媽看著愛佳功課老是做不完，實在受不了，只好先把家事放一邊，坐在愛佳旁邊盯著她把功課寫完。

原來孩子這樣想

- ◆ 有媽媽在旁邊，就會告訴我寫功課的順序，這樣輕鬆很多。
- ◆ 因為不知道功課怎麼寫，就看起漫畫了。
- ◆ 對了，某某團體又發行新歌，待會再寫功課好了。

重點 1 調整孩子的學習環境

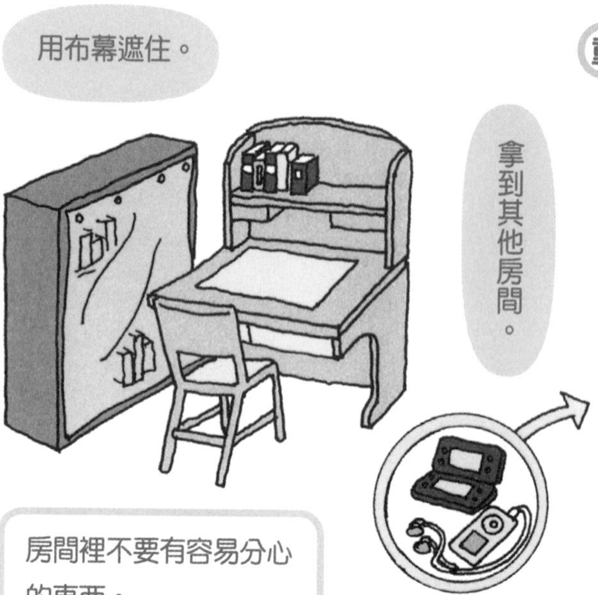

用布幕遮住。
拿到其他房間。

房間裡不要有容易分心的東西。

八點了，該念書嘍。
好，我會用功。

用計時器或出聲提醒開始念書的時間。

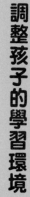

重點2 將必須完成的事情訂出先後順序，從孩子一個人可以開始的階段進行

今天的功課呢？
就從算數習作開始吧！
有算數習作跟閱讀。
嗯。

跟孩子一起訂立計畫。

從一個人能做到的部分開始。

閱讀的時候媽媽再來聽妳讀。
學習計畫表
①算數習作2頁。
②閱讀
好。算數習作我可以自己做。

寫完功課之後，自己再檢查一遍。自我評價也很重要。

小建議

隨著孩子的年齡不同，一個人讀書、做功課的時間也不一樣。從短時間能做完的作業開始，逐漸延長時間，循序漸進的方式也很重要。

35 孩子經常感覺遭受迫害

倫代一再說在學校不受同學歡迎。「某某人一定覺得我很煩」、「大家都覺得最好沒有我這個人」，一天到晚有這樣的想法。問她為什麼會這麼認為，她說，因為下課時有幾個女同學聚在教室角落，邊看著她邊笑，或是班上同學表決校慶表演節目時，她的建議沒受到採納；另外，放學跟朋友說「一起回家」時，朋友卻因為「有事找老師」而拒絕她，大多都是這類原因。**每次倫代一有這種想法就很難平息，甚至到隔天早上還會拖拖拉拉說「不想上學」。**

媽媽雖然會安慰倫代，「可能是妳多心了吧？」或是「這樣也不算討厭妳啦」，不過越說越讓她把事態想得更嚴重，「才不是呢，每次都這樣，上次也是……」

原來孩子這樣想

- 每次大家都不認同我，我很可憐耶。
- 真希望別人可以了解我的心情。
- 我看沒有我這種人最好吧？
- 不管我做什麼事都不順利。

重點 1 先接受孩子的情緒

輕易否定也無法解決問題。

如果只是聽過不加理會，反而讓孩子加深受迫害的感覺。

首先要接納孩子的心情。

重點2 在孩子擅長的領域中製造發揮能力的機會。

讓孩子把心思轉向擅長、喜歡的事情上。

跟學校老師商量，讓孩子有發表自己專長的機會。

小建議

孩子進入青春期之後，總希望能受到他人認同、了解，而且這樣的心情會越來越強烈。如果歷經多次失敗，自我肯定的感覺低落時，一點小事也容易讓孩子感覺受傷害。在這種狀況下，光是敘述客觀事實未必有效。

36 孩子常一下子就半途而廢

明美做任何事都只有三分鐘熱度。**考試前溫習時大概也只看了十分鐘的書就放棄，「哇，看不懂啦。算了。」**而且這十分鐘之內不過就把課本打開看過一遍。理所當然，在學校考試時也是，在考卷上寫名字之後，答了一、兩題就交卷。明美這種一下子半途而廢的習性不僅出現在念書，連在運動或打電動方面也一樣。比方說，**練習騎自行車時，如果有一次差點跌倒，她就會說「不騎了」**。打電玩時只要輸給妹妹一次，她也會說「不玩了」當場離開。

爸爸有時會嘗試告訴明美，「凡事都要多努力看看」、「再試一下」，但她還是當場離開，讓爸爸不知該如何是好。

原來孩子這樣想

- ◆ 我已經很努力了呀。
- ◆ 沒辦法啦，我做不到。
- ◆ 做不好也無所謂吧。不是嗎？

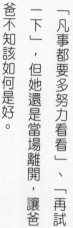

重點 1
讓孩子逐漸累積微小的成果

我不會用刀子削皮啦。
用削皮刀就可以囉。

讓孩子知道能做好的方法，或是能做到的事情。

我不會切紅蘿蔔。
好吧，紅蘿蔔媽媽來切，切好之後妳放進鍋子裡。

在孩子遇到困難時，伸出援手幫忙。

洋蔥該怎麼切才好？我不會耶。
一開始媽媽來示範。
怎麼樣？可以嗎？

引導孩子如何開始。

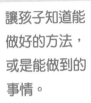

重點2 讓孩子選擇自己能力所及的事

唉唷，看不懂啦。不做了。
那麼，就選一件事來做。要做什麼？
嗯？一件事……。好吧，我做算數習作好了。

說好「只做一件事」的話，重點就是大人也要遵守約定。

小建議

對以往較少體驗到「能做好」的孩子來說，或許不太了解努力的重要，反倒認為得一開始認真才能做好的事不需讓其他人知道就行，或是不需要經歷辛苦也可以。

37

孩子無法拒絕不喜歡的事

小千就算百般不願意，仍無法回絕朋友的邀約或請託。例如，她跟朋友聊到家裡的漫畫書，朋友便說想跟她借。但這本漫畫是她存了很久的零用錢才買到，其實她十分寶貝，並不想借人，不過依舊脫口就答應朋友「好，我明天帶來」。**有時她還無法拒絕對方提出強人所難的要求**，像是在學校上作文課時，忘記帶稿紙的朋友說：「分我幾張稿紙。」小千自己也只剩三張，卻仍答應同學，分給對方兩張。**回家之後才不斷跟媽媽抱怨，「其實我很討厭這樣」**。

媽媽告訴小千，「既然已經答應了，就要借給人家。」小千卻直說「但我不想借嘛」。有時媽媽會試著問她，「既然這樣就不要借啊」或是「要不要媽媽幫妳回絕」。

原來孩子這樣想

◆我不想借人，但也不想拒絕。

◆萬一拒絕人家，對方可能就不跟我當朋友了。

◆不過，媽媽幫我回絕好嗎？

重點 1

教導孩子拒絕的方法

逃避的拒絕方式。

迂迴的拒絕方式。

如果不能好好婉拒，有時對方強人所難的要求會越來越過分。

重點2 告訴孩子拒絕之後朋友會有什麼反應

朋友知道妳對這個東西很珍惜的話，就算妳拒絕他們也不會介意的。
真的嗎？

看過之後就可以借人嗎？
就這樣告訴朋友，請他們等一陣子。
嗯，我知道了。

小建議

如果面對別人的請託無法說「不」，與他人往來時會不知不覺壓抑自己的情緒。過於勉強之下，也可能破壞與他人的交情。

38

孩子經常亂花錢

敏之每次領到零用錢，大多會在當天全部花光。除了買自己想要的東西，有時候也會買飲料請朋友，或是買遊戲卡送朋友。他甚至曾花上好幾千塊在家附近的超市去玩大富翁的遊戲機台。**有時候他還會從爸爸皮夾裡自己拿錢**，此外，如果他看到非常想要的東西時，**甚至會瞞著爸媽到住在附近的爺爺家，跟爺爺討零用錢。**

每次爸媽看到敏之亂花錢時都會罵他一頓，或告訴他賺錢很辛苦，他聽完會道歉，表示「對不起，下次不會了」。只是沒多久就再犯。

原來孩子這樣想

- ◆我不知道花了那麼多錢呀。
- ◆只要道歉就行了吧。
- ◆請朋友很開心嘛。

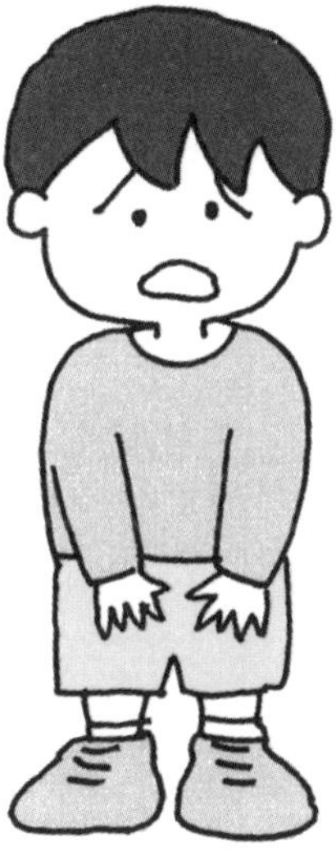

重點1 花點工夫讓孩子培養對金錢的價值感

將一個月份的零用錢分好用途。

獲得零用錢大作戰

項目	金額	時間	時間	時間
打掃浴室	50元	3/8	3/9	
洗碗	50元	3/1	3/8	

把幫忙家事跟零用錢結合在一起也是一種方法。

重點2 在家中貫徹金錢管理

我想糾正孩子亂花錢的壞習慣，如果他跑來找您要錢，請拒絕他。
嗯，我知道了。

請祖父母協助。

麻煩你管好自己的錢包。
好的。

決定出在家中負責管理的人。

小建議

孩子如果太常請客招待朋友，可能潛在著霸凌的危機。父母除了和校方密切聯繫之外，也要留意孩子會不會從家裡拿錢。

39 孩子容易喜新厭舊

小秀在反覆練習同一件事情時，經常一下子就膩了。例如，學五個生字時，作業中有一項是每個生字要練習寫五遍，但他寫了兩、三遍之後，字跡就變得凌亂起來，或是雙腳、脖子開始動來動去。做算數習作時也是，一開始的三、四題還做得很順，沒多久卻站起身，要不然就唉聲嘆氣。不過，**在做自己有興趣的社會科調查時，卻能很有耐心地仔細做好，**讓爸爸感到有些擔心，不知道為什麼會有這樣的落差。

「再一下下，加油！」「寫漂亮一點。」爸媽常在小秀旁邊鼓勵、指導，但每次看到小秀越來越痛苦的表情，最後還是忍不住放棄，「好吧，休息一下。」

原來孩子這樣想

- ◆要做那麼多嗎？
- ◆再一下下是多久？
- ◆我已經很努力了耶。

重點 1 讓孩子針對活動訂出計畫

① 挑三個生字，各練習寫三遍。
② 休息一下喝飲料。
③ 再挑兩個生字，各練習寫兩遍。
④ 休息一下跟爸爸玩「男生女生配」。
⑤……
⑧ 結束。可以看電視。

配合孩子能專心的時間來訂立計畫。

預測時間也是一項重點。

重點2 將整體活動分成多個部分

細分成多個部分，評分的機會也多了兩、三倍……

小建議

一般最常用到的學習方法就是一遍遍重複，不過，有些孩子對於以不斷重複單調作業來學習的過程感到很難受。最好想一些方法來緩和這股痛苦。

40

孩子對環境特別敏感

小拓似乎**對於某些一般人不以為意的事情無法忍受**。例如，每到傍晚區公所響起通知兒童該回家的音樂，小拓就會摀住耳朵蹲在地上。在學校一到營養午餐時間，他會躲在教室角落，屈著身子抱住頭。問他怎麼了，他的回答是**「牛奶瓶互相碰觸的聲音讓人受不了」**。除了聲音之外，像是他跟弟弟吵架時，弟弟惡作劇拿橡皮擦丟到他，他也會縮起身體動彈不得，或**表現出真的很痛的樣子一邊說「（被橡皮擦打到的）手斷掉了」**。然而，他也會很用力地戳弟弟的頭。

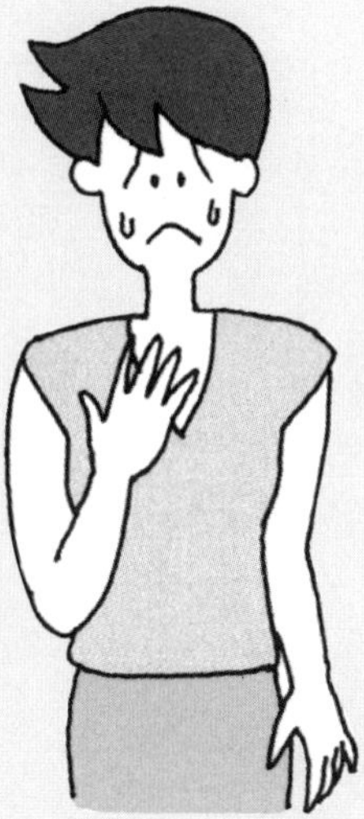

爸媽看到小拓縮起身子時，會跟他說「沒這種事吧」、「不要緊啦」，然後拉開他捂住耳朵的手。在他說「手斷掉了」時，也只說了「哪有那麼誇張」，並不當一回事。

原來孩子這樣想

◆ 我明明耳朵就很痛呀。

◆ 這個聲音能不能停下來呀，我頭快爆炸了。

◆ 我真的覺得手快斷了嘛。

重點 1

觀察孩子的狀況，了解孩子不舒服的感覺

判斷出什麼樣的狀況讓孩子感到難受。

重點2 思考如何讓孩子減輕不適時的感覺

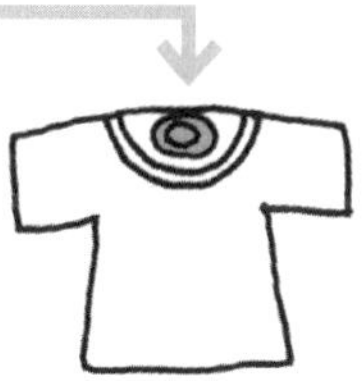

小建議

有些我們覺得沒什麼的刺激，會讓孩子感到非常不舒服。面對這種狀況，一味要孩子「要忍耐」、「一下子就會適應」也太沒道理。這大概就像面對一天到晚聽著指甲抓黑板的聲音，還要人忍耐的狀況差不多。

重點1 有時候要以孩子的角度來思考

即便是相同的狀況，有時父母的角度和站在孩子的角度看來並不一樣。例如，幼兒對於東西收拾起來看不到時，會誤以為是永遠消失不見。

此外，父母認為「小孩子應該要跟朋友一起玩」，但有些孩子跟多人共處時會感到不自在；看似不聽話的孩子，其實也已經盡力去做，完全不認為自己做了什麼惹人生氣的行為。

進入青春期之後，孩子希望獲得他人了解的心情越強烈，一方面也容易因為一點小事受傷。

與其勉強將成人的價值觀加諸孩子身上，倒不如因應每個孩子的想法來調整轉變。

重點2

先下手為強，有時候以大人的節奏來因應

孩子有時會有無論如何都想要的東西、想做的事，及想說的話，但父母不可能永遠有求必應。當孩子衝動之下達到目的後，對於獲得大人承諾，或是有時必須忍耐、對他人讓步等這些生活中必須的「規則」會越來越難養成。規則不但要訂得明確，父母也要花點心思讓孩子遵守。

當家長責罵孩子時，情緒也一樣焦躁，有時會衝口而出一些實際上不可能的威脅，但這並沒有實質效果。有時跟孩子適度保持距離也很重要。

此外，「不聽話的話就要○○哦！」類似這種出黃牌的舉動，必須要在之後跟隨紅牌出現時才有效。如果不是言出必行，也會被孩子識破。

01 對想要的東西不死心，還容易發脾氣
04 經常走丟
07 不會切換時間和情緒
09 一古腦地說著自己喜歡的事情
13 離不開媽媽
26 動不動就耍賴
31 不遵守家規

重點3 導正習慣，必須有耐心持之以恆

一般人大多認為嬰幼兒只要睏了就自然會睡，其實如果環境不舒適，小孩子有時也不肯睡。此外，有些母親覺得長大之後就自動攝取各種食物，於是不知不覺在孩子小時候只準備孩子愛吃的東西，最後卻養成無法戒除的偏食習慣。

一些大人認為必要的日常生活習慣，孩子可能只感到麻煩。養成習慣時必須要花點心思想出讓孩子能接受的方式，並且要有耐心持之以恆。

11 不肯睡覺
12 非常挑食
15 吃飯花太多時間
16 無法養成每日習慣
19 不會整理身邊的物品

重點4 累積「做得到」的經驗突破瓶頸

14 不會一個人換衣服
17 不會巧妙運用雙手
27 面對多項指示時沒辦法全都做好
34 一個人就不用功
36 一下子就半途而廢

類似換衣服、念書這種一連串的作業中，有時孩子能做到某個階段，接下來的步驟就不會，在這些瓶頸中其實都隱藏著重點。然而，有時孩子因為不斷重複失敗的經驗，認為做不到，「都是自己不好」。於是從一開始就放棄了。

將一項作業分成幾個小步驟，慢慢累積「做得到」的經驗，看似繞遠路其實是確實邁向目標的方法。

重點 5 「沒關係，算了吧」是一句具有魔法的話

06 異常不服輸
30 完美主義

孩子的價值觀經常反映出大人的價值觀。當要求孩子超出能力範圍的事，「一定要這樣才行」，在日常生活上會處處有困難。無論親子，都需要在某些時間、場合，學習得過且過，適可而止。

重點6
比起責罵，更重要的是教導孩子該怎麼做

03 不遵守順序
08 不了解對方的情緒或狀況
20 不遵守跟朋友間的約定
21 一生氣就動手
24 經常誤解
25 經常丟三落四
33 不會決定事情的優先順序
37 無法拒絕不喜歡的事

不遵守順序、說了不該說的話，或是不會控制自己的情緒，類似這種狀況下，大人因為不希望孩子這樣，經常容易流於只在當場「說教」。此外，如果孩子一生氣就對朋友動手，這種事也很讓家長傷腦筋。

然而，這類狀況多半也是孩子大幅成長的機會，如果能藉機具體指導孩子該怎麼因應，與他人互動，下次該怎麼做才不會失敗，很多時候會比單純責罵來得有效多了。

重點 7 孩子的學習模式各有不同

29 一個人做事時沒有進展
39 容易喜新厭舊

有些孩子做事時不擅於訂出先後順序，對於成果卻有一定程度的想像力；相反地，有些孩子一看到先後順序就了解，卻想像不出成果是怎樣。也就是說，有些孩子擅長以反覆相同的事物來學習，有些人對此卻感到很痛苦。應該要針對每個孩子的特性，找出適合且擅長的學習模式。

重點 8 有時可找專家討論。尋求其他人的協助與配合。

18 經常使用嬰兒語
38 經常亂花錢

當孩子出現讓父母擔心的行為時，有時背後會有父母意想不到的原因。家長千萬不要獨自煩惱，記得「尋求身邊其他人或專家的意見，說不定能找到理想的解決方法」。

Q&A

- 責備、誇獎孩子的方式。
- 有較多不擅長或在意的地方時。
- 覺得孩子可能發展遲緩時。
- 醫療機關能提供協助的地方。
- 其他的諮詢機構。
- 請幼稚園或學校體諒之處。

Q1 A1

遇到小孩子不聽話，我都忍不住生氣。難道真的不能罵小孩嗎？

本書從頭到尾介紹了很多不用責罵也能支持孩子的方法。

然而，這並不表示完全不能責罵孩子。當孩子遇到危險，或是做出父母認為不可原諒的事情時，有些狀況下不得不罵。也就是說，並非不能罵，重點在於針對什麼樣的狀況，在什麼時候，用什麼方式責罵。

最重要的就是保持一致性。如果針對孩子同樣的行為，有時睜一隻眼閉一隻眼放過，有時卻嚴厲責罵，像這樣沒有一致性的話，會讓孩子無所適從。此外，**在劈頭大罵之前最好先冷靜幾秒鐘**，想想孩子為什麼會這麼做，這一點也很重要。

在本書中也提過，大人如果常用「你要是那樣做，我就這樣哦」，也就是以實際上不會做出的「威脅」行為訓斥孩子，但久而久之孩子會知道「反正爸媽不可能這麼做」，便不再相信大人說的話。

此外，當大人在責罵孩子時情緒逐漸激動下，連之前的事情也翻出來大罵，這種行為也可能造成孩子日後不再聽話。

再者，要是媽媽已經出口責備孩子，這時在一旁的爸爸也來幫腔，將會造成孩子無處可逃。

另一方面，若是責罵時只是硬要孩子道歉，「還不說對不起？」這種訓斥方式會讓孩子誤以為「只要道歉就沒事了吧」，而大人也淪為滿足於接受道歉的結果。

要讓孩子不會在往後相同的狀況下做出同樣的行為，責罵並非是最有效的方法。

A2 Q2

我也知道稱讚孩子很好，卻不懂得該怎麼稱讚才恰當。

當家長覺得「沒什麼好稱讚」時，也需要積極製造稱讚孩子的機會。

當然，一旦拉高了稱讚孩子的門檻，在日常生活中能稱讚的機會就變得很有限。比方說，本來希望孩子能一個人做完功課，但平常不太肯乖乖坐在書桌前的孩子，只要他能坐到書桌前面，就可以對孩子說：「好棒哦，自己乖乖坐到桌子前面。今天有哪些功課呢？」**就從孩子目前能做到的事情開始稱讚。**

每個人在受到他人稱讚時都會很高興，因為受到稱讚，接下來就想要更努力。只不過，必須根據不同年齡改變稱讚的方法，如果老是用同一套，久了之後孩子可能沒不會那麼高興。此外，像是「真乖」、「很好很好」這類不知道究竟稱讚什麼的抽象方式，可能也會讓開心的程度減半。

另一方面，如果過了一星期才說：「對了，上次……」孩子可能沒什麼感覺。**記得別錯過稱讚的時機，**可以先告訴孩子「謝謝你幫媽媽做○○」，**表現出具體的行動，偶爾再增添一些變化，提高孩子的意願。**

Q3

我們家小孩就跟書上講的一樣，有一些不擅長的地方，一直令我很擔心。如果這類行為很多，是不是可能妨礙發展呢？

A3

本書中列舉的四十個項目，也是在ＡＤＨＤ（注意力欠缺過動症）、亞斯伯格症（Asperger's syndrome）、學習障礙，以及自閉症等發展上有障礙的孩子們身上常見到的特徵。然而，從另一個角度來看，書中舉出的這類「缺點」或「令人憂心的行為」，事實上在每個人身上可能多少都存在。

如果是到了妨礙發展的狀況，會在出生或是早期就開始出現一些特徵。這些特徵會跟隨著孩子一生，原因並非出在育兒的方式或教育環境上，而是腦部功能出現障礙。然而，就目前的科學及醫學方面，依舊很難斷定出真正的原因。

另一方面，有些孩子會出現跟發展障礙兒童類似的特徵，但這些癥狀只是暫時性的，如果會隨著年齡增長自動消失，在發展上就不構成障礙。

A4 Q4

該怎麼樣才知道是否對發展構成障礙呢？

孩子是否有發展障礙，只有到醫療機構才能診斷。然而，以目前的狀況來說，因為發展障礙的真正原因尚未釐清，也沒有根本的治療方法。

舉例來說，治療感冒要吃藥、攝取營養，以及充分休息。但發展障礙卻無法用這類方法「治癒」，恢復到毫無障礙的狀態。重點在於了解具有發展障礙的孩子在哪方面比較不擅長。

接下來，從孩子不擅面對進而導致影響一般生活的事項上，找出後思考如何因應，藉由提供改善方法來讓有發展障礙的孩子能適應社會，日常生活更豐富。

Q5 A5 到醫療院所可以做些什麼？

在醫療院所裡可以觀察孩子的行為，進行各類智能及心理檢查，加上聽取家長的說明後，了解孩子的整體狀況。

接著在診斷出孩子的狀態後，判斷是否需要使用藥物。

不過，光是診斷出孩子有某某障礙，家長也不了解接下來在日常生活中該如何與孩子互動，才能幫助孩子成長。根據診斷結果，可以請醫療機構人員指導在平常生活中要用什麼巧思，或是顧慮哪些事項，能讓孩子的生活過得更輕鬆，以及了解孩子在成長上需要關注的重點。另外，也能根據實際需要介紹其他諮詢機構。

此外，發展障礙的孩子之中有些因為無法忍受一點點失敗而造成生活範圍狹隘，或是因為特殊的感覺無法過團體生活；因為失敗經驗過多導致自尊心低落，還有在反覆不愉快的經驗下使得情緒不穩。孩子只要遇到一點點狀況就容易情緒激動，無法自我控制，傷害朋友和自己。

有這種狀況時，可以到醫療機構就診，請醫師開立適當的處方，藉此緩和嚴重的症狀。

Q6 A6

除了醫療院所之外，還有其他提供諮詢的地方嗎？

醫療院所中有些除了醫師，也有其他專家定期提供指導和訓練。

另外，不止醫療院所，各級地方政府也設有育兒及教育諮詢室，可以去市、區公所洽詢。在這些公立諮詢機構之外，還有大學的臨床機構以及民營診所，事先上網搜尋收集資訊也很有幫助。

在諮詢機構中有臨床心理師、臨床發展心理師，以及語言聽覺師等，可以配合孩子的特徵接受適合的諮詢。

Q7 學校導師說我的孩子可能出現發展障礙，儘快到醫療院所或諮詢機構去看看。請問最好立刻去嗎？

A7

有時候只有周遭的人乾著急，不知道該怎麼辦才好，但孩子本身卻絲毫不以為意，表現出一副旁若無人的模樣。

然而，實際在生活中遭遇困難的是孩子，很多狀況是即使不順利也只能表現出沒事的樣子，如果沒察覺到一些蛛絲馬跡，很可能導致孩子從一開始個特徵衍生出二次障礙。

舉個偏激的例子，日後很可能演變成出現反社會或不為社會所容的行為。這麼一來，不僅孩子本身，就連周遭的人都會受到波及，毀了整個人生。因此，及早判斷出孩子發展障礙上的特徵是很重要的。

A8 Q8

該怎麼做才能獲得幼兒園或小學校方的理解？

首先，最了解孩子的監護人，要把孩子的喜好、擅長事項、缺點及不喜歡的事物等，也就是自己孩子的特徵告訴級任導師，還有支援特教的教育協調員，以及管理人員、教導人員等。然後，更重要的是保持積極的態度，藉由傳達在家中設想到的教育方式，和各個相關人士討論在幼兒園及學校裡能提供什麼樣的配合及輔助。

在育兒過程中常會想著「該怎麼辦」，或是忍不住讓人大罵的狀況，本書中介紹了許多可從其他角度來看待這些狀況，並且跟孩子互動的巧思。不過，在最後Q&A中提到孩子若有發展障礙時的一些癥狀，或許有些家長看到孩子出現類似的症狀，而擔心自己的孩子可能有發展障礙。

我重申一次，本書中列舉的這些「不擅長之處」或「令人擔心的行為」，其實在每個人身上都多多少少會出現。無論是誰，個性中都有優缺點，有時候跟其他人用相同的方式不一定學得會，但只要稍微改變一下，就能學得好。或許可以將這樣的特色視為個性的一部分。

以小學的算數課為例，過去課堂上老師只教最普遍的一種解題方法，之後就一古腦兒地運用這個方法來反覆練習，大多採取這種教學方式。

不過，參觀過現在的數學課發現，老師出了題目之後，多半會問大家該怎麼解題比較好，接下來班上的小朋友就會運用學過的所有知識，來思考解題方法。這麼一來，一些思考富有彈性的孩子會出現各式各樣驚人的點子，孩子們還能從中選擇自己容易理解的方法。過去「要這樣做才對」的方式，會造成不這麼做就顯得格格不入的孩子；但「**A和B都可以**」的方法，則能適當拓展每個孩子的個性。這也是我心目中理想的育兒方式。

那麼，什麼樣的狀況才是對發展構成障礙呢？我認為是在實際生活中出現一些困難，也就是本書中列舉出的「不擅長之處」較多，或是程度上相對嚴重。此外，因為孩子自己無法發現這些缺點，也無從花心思改善而深受其苦。

在這種狀況下，首先要讓身邊的大人發現到這些自己不擅長的地方，接下來不是企圖矯正這些地方，而是由大人和孩子一起**思考該怎麼樣在接納這些缺點下能讓生活過得輕鬆一些。**我認為最重要的是換個角度來看待事物。這一點在教養沒有發展障礙的孩子時也一樣。

請各位家長和孩子一樣，用有彈性、富變化的想法來享受育兒之樂，更希望本書能貢獻綿薄之力。

小笠原惠

親子筆記

國家圖書館出版品預行編目資料

我家孩子為什麼做不到？/ 小笠原 恵著；葉韋利譯. -- 初版. -- 臺北市：新手父母，城邦文化出版：家庭傳媒城邦分公司發行，2013.04
面； 公分. --(好家教系列；SH0098)
譯自：うちの子、なんでできないの？——親子を救う４０のヒント
ISBN 978-986-6616-89-1(平裝)

1.親職教育 2.子女教育
528.2 102004884

我家孩子為什麼這樣做？！

うちの子、なんでできないの？——親子を救う４０のヒント

作　　者／小笠原 恵
譯　　者／葉韋利
選　　書／林小鈴
企劃編輯／蔡意琪

行銷企劃／林明慧
行銷經理／王維君
業務副理／羅越華
總 編 輯／林小鈴
發 行 人／何飛鵬
法律顧問／台英國際商務法律事務所 羅明通律師
出　　版／新手父母出版　城邦文化事業股份有限公司
台北市中山區民生東路二段 141 號 8 樓
電話：(02) 2500-7008　傳真：(02) 2502-7676
E-mail：bwp.service@cite.com.tw
發　　行／英屬蓋曼群島商家庭傳媒股份有限公司城邦分公司
台北市中山區民生東路二段 141 號 4 樓
讀者服務專線：(02)2500-7718；(02)2500-7719
24 小時傳真服務：(02)2500-1990；(02)2500-1991
讀者服務信箱：E-mail：service@readingclub.com.tw
劃撥帳號：19863813　戶名：書虫股份有限公司

香港發行所／城邦（香港）出版集團有限公司
香港灣仔駱克道 193 號 東超商業中心 1 樓
電話：(852) 2508-6231　傳真：(852) 2578-9337
E-mail：hkcite@biznetvigator.com
馬新發行所／城邦（馬新）出版集團 Cite(M) Sdn. Bhd. (458372 U)
11, Jalan 30D/146, Desa Tasik, Sungai Besi,
57000 Kuala Lumpur, Malaysia.
電話：(603) 90563833　傳真：(603) 90562833

內頁設計、排版／翁秋燕
封面設計／劉麗雪
製版印刷／卡樂彩色製版印刷有限公司

2013 年 4 月 11 日初版
2019 年 2 月 14 日修訂版
定價／ 320 元

城邦讀書花園
www.cite.com.tw

ISBN 978-986-6616-89-1
EAN 471-770-290-571-2

廣 告 回 信
台灣北區郵政管理局登記證
北台字第10158號
免 貼 郵 票

104 台北市民生東路二段 141 號 8 樓

城邦文化事業（股）公司
新手父母出版社

地址

姓名

請沿虛線摺下裝訂，謝謝！

新手父母

書號：SH0098X　書名：我家孩子為什麼這樣做？

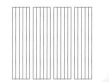

新手父母出版　讀者回函卡

新手父母出版，以專業的出版選題，提供新手父母各種正確和完善的教養新知。為了提昇服務品質及更瞭解您的需要，請您詳細填寫本卡各欄寄回（免付郵資），我們將不定期寄上城邦出版集團最新的出版資訊，並可參加本公司舉辦的親子座談、演講及讀書會等各類活動。

1. 您購買的書名：＿＿＿＿＿＿＿＿＿＿
2. 您的基本資料：
   姓名：＿＿＿＿＿＿＿＿（□小姐　□先生）生日：民國＿＿年＿＿月＿＿日
   郵件地址：＿＿＿＿＿＿＿＿＿＿
   聯絡電話：＿＿＿＿＿＿＿＿＿＿
   E-mail：＿＿＿＿＿＿＿＿　□有小孩＿＿個（＿＿歲）□尚無小孩
3. 您從何處購買本書：＿＿＿＿縣市＿＿＿＿書店
   □書展　□郵　□其他＿＿＿＿＿＿
4. 您的教育程度：
   1.□碩士及以上　2.□大專　3.□高中　4.□國中及以下
5. 您的職業：
   1.□學生　2.□軍警　3.□公教　4.□資訊業　5.□金融業　6.□大眾傳播　7.□服務業
   8.□自由業　9.□銷售業　10.□製造業　11.□食品相關行業　12.□其他＿＿＿＿
6. 您習慣以何種方式購書：
   1.□書店　2.□網路書店　3.□書展　4.□量販店　5.□劃撥　6.□其他＿＿＿＿
7. 您從何處得知本書出版：
   1.□書店　2.□網路書店　3.□報紙　4.□雜誌　5.□廣播　6.□朋友推薦
   7.□其他＿＿＿＿
8. 您對本書的評價（請填代號 1非常滿意 2滿意 3尚可 4再改進）
   書名＿＿　內容＿＿　面設計＿＿　版面編排＿＿　具實用＿＿
9. 您希望知道哪些類型的新書出版訊息：
   1.□懷孕專書　2.□0~6 歲教育專書　3.□0~6 歲養育專書
   4.□知識性童書　5.□兒童英語學習　6.□故事性童書
   7.□親子遊戲學習　8.□其他
10. 您通常多久購買一次親子教養書籍：
    1.□一個月　2.□二個月　3.□半年　4.□不定期
11. 您已買了新手父母其他書籍：

    ＿＿＿＿＿＿＿＿＿＿

    ＿＿＿＿＿＿＿＿＿＿
12. 您對我們的建議：

    ＿＿＿＿＿＿＿＿＿＿

    ＿＿＿＿＿＿＿＿＿＿

    ＿＿＿＿＿＿＿＿＿＿